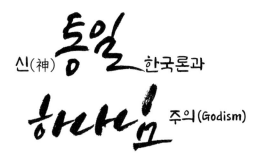

신(神) 통일 한국론과
하나님 주의(Godism)

저자 박 정 진

새로운 세상의 숲
신세림출판사

# 신(神)통일한국론과
# 하나님주의(Godism)

# 목 차

추천사 / 006

서 문 _ 신통일한국을 위한 Think Tank 2022 / 010

**1장** 시대정신과 국가비전으로서 신(神)통일한국론 / 015

**2장** 신통일한국론으로 본 남북한 현실 / 025

**3장** '활생(活生)'으로서의 신통일한국운동

1. 두익통일운동 - 신통일한국을 위한 새 가치관 운동 / 076

2. 참가정운동 - 포스트코로나시대, 미래종교의 비전 / 085

3. 효정(孝情)문화예술운동 - 한국인의 효(孝)사상과 심정(心情)문화 / 092

4. 유엔과 한반도 평화운동 - UPF(천주평화연합), '아벨 유엔' 역할 / 101

## **4장** 한민족에게 고함

1. 한국의 힘−시장경제, 한미동맹, 호국기독교 / 108

2. 세계평화를 선도하는 통일평화철학을 세우자 / 112

3. 신(神)풍류도로 신(神)통일한국을 이루자 / 116

4. '열린 기독교'로 남북통일을 / 120

5. 동양평화론에서 제 5유엔 사무국까지 / 125

6. 제 5 평화유엔으로 북한 핵 막고 통일 달성해야 / 131

7. 문벌가국과 재벌가국의 사이에서 / 137

8. 미·중 정상회담과 한민족의 정치·문화적 독립 / 141

9. 축복과 저주의 갈림길에 다시 선 한민족 / 145

10. 사대·종북형 문화혁명을 경계해야 / 149

11. 한반도에서 벌어진 신(神)의 한수들 / 153

12. 김정은은 고르바초프를 배워야 한다 / 157


보론 1 _ 하나님주의란 무엇인가 - God, Geist, Ghost, Godism / 162

보론 2 _ 신통일한국의 비전 : 공생(共生)·공영(共榮)·공의(共義)主義 / 170

보론 3 _ 천부경적 사건으로 본 천지인참부모 / 178

## 추천사

박정진 박사와는 참으로 오랜 인연이어서 섭리의 인연이라고 하지 않을 수 없다. 내가 세계일보 특집부장으로 있을 때에 문화부장으로 함께 일했으며, 점심을 하면서는 시사문제들을 토론하고, 그 때마다 배우는 바가 적지 않았다.

2002년 바르셀로나 올림픽 때 취재 차 스페인에 갔다가 불의의 교통사고를 당해 일주일간 사경을 헤매고 있을 때 그의 가족과 신문사를 생각하면서 노심초사하던 기억이 생생하다. 구사일생으로 돌아와서 참으로 고맙다고 생각했다.

당시 영농세브란스병원에서 6개월간 입원하고, 다시 신문사에 첫 출근했을 때, 박보희 사장을 뵈러 함께 사장실에 들어갔었는데 박 사장께서는 대뜸 "박정진 부장, 당신은 죽었다가 살아난 사람이요. 앞으로 큰일을 할거요."라고 큰 소리로 위로한 기억이 난다. 아니나 다를까 문선명 총재님이 성화하셨을 때(2012년 9월 3일)에 성화기간 내내 세계일보 특별지면(양면 펼침 지면)에 17회의 장문의 성화사를 기고하는 것을 보고 나는 놀랐다.

우리 가정연합 식구들은 전부 슬픔에 잠겨 아버님에 대한 생애사를 쓴다는 것은 엄두도 못하고 있는데 객관적 시각으로 아버님을 기리는 장문의 글을 써대는 그를 보고, 참으로 감사하다고 생각했다. 그는 다음 해 기원절

(2013년 2월) 때도 장문의 글을 세계일보에 기고하면서 후천개벽시대, 여성시대의 의미를 세상에 알리는 데에 앞장섰다. 개인적으로는 식구의 한 사람으로서 참으로 고마운 일이기도 하지만, 그의 세계역사와 문화를 보는 통찰력에 감탄을 금할 수가 없었다.

어쩌면 그렇게 통일교-가정연합, 문선명총재와 한학자총재 양위분의 생각을 교회가 사용하는 관용어와 다른 말로 잘 설명하고 이해시키는 지 너무도 놀라웠다. 도무지 알 수 없다. 참으로 교회를 위해서 하늘이 내려 보낸 사람이라는 생각이 들 때가 한두 번이 아니다. 그는 세계일보에서 문화부장, 논설위원을 지낸 뒤 잠시 공부를 한다고 신문사를 퇴사했으나 다시 인연이 되어 세계일보 초대 평화연구소장을 맡으면서 남북통일과 세계평화를 위해 뜻깊은 '통일아카데미'를 여는 등 괄목할 성과를 올렸다.

그는 백여 권의 책과 천여 편의 시를 쓴 우리나라의 대표적인 문필가이고 언론인이면서, 철학자이면서 문화인류학자이다. 그는 세계일보 지면에 칼럼 '청심청담'을 집필하면서 탁월한 시대감각과 역사비평을 통해 시대와 민족을 일깨운 공로로 2020년 3월에 "올해의 칼럼상"(한국언론인협회 성대석 회장)을 수상했으며, 철학계에서도 한국 하이데거학회를 비롯해서 여러 곳에서 기조강연을 하는 등 '우리시대의 지성'으로서 사회전면에 나서 있다.

그의 예술적 업적도 만만치 않다. 울릉도 독도박물관에는 그가 읊은 '독도'시비가 세워져 있으며, 강남 대모산에 '대모산' 시비, 연천군 '종자와 시인 박물관' 시공원에 '타향에서' 등의 시비가 세워져 있다. 몇 해 전 거문도 해양천정궁을 방문하더니 '거문도' 시집을 냈다.

그가 쓴 우리교회와 관련되는 책만 해도, 〈메시아는 더 이상 오지 않는다〉〈평화는 동방으로부터〉〈평화의 여정으로 본 한국문화〉〈여성과 평화〉〈심정평화, 효정평화〉〈위대한 어머니는 이렇게 말했다〉〈거문도〉(시집) 등 헤아리기도 힘들다.

세계일보에서 〈평화는 동방으로부터〉와 〈평화의 여정으로 본 한국문화〉 출판기념회를 열었을 때 축사를 통해 고마움을 전했지만, 그의 노익장과 건필을 다시 기원해본다. 그는 최근에 〈차의 인문학〉이라는 책을 통해 '한원집'을 '동방 제 1경' 찻집이라고 내세우면서 '차의 세계'(월간지)에 소개하고 격려를 아끼지 않았다. 한원집을 중심으로 '효정다도회'를 구성하고, 나와 함께 고문으로 추대되기도 했다. 이만 하면 일생의 벗이라고 해도 좋지 않겠는가.

이번에 또 〈신(神)통일한국론과 가디즘(Godism)〉을 낸다고 하니 그의 글쓰기는 어디까지 갈 것인지, 궁금하다. 신통일한국의 '신(神)'자를 놓고 갑론을박하면서 암중모색하는 교회를 위해 문화인류학박사로서의 지식과 경륜을 펼치는 정성, 그리고 세계와 인류평화를 위해 예봉을 휘두르고 정론직필하는 그의 모습에 존경심을 금할 수 없다.

그는 세계평화터널재단으로부터 창립 10주년 기념 공로패(제 16-0226-05)를 받았으며, 성인축복가정회(회장 밀링고 대주교)로부터 기념패(제 2020-05호)와 함께 천일국시대 '천보(天寶)박사'(2020년 11월 20일) 칭호를 받기도 했다. 현재 세계평화도로재단 이사, 세계평화통일무도 이사로

봉사하고 있다.

　그는 '차(茶)의 세계' '선(禪)문화' 편집주간으로 오래 활동하면서 한국의 차(茶)계, 불교계에서도 널리 알려진 인물이다. 지난 9월 내 고향인 구례 화엄사에서 '화엄사 전통 차문화유산 학술세미나'(2021년 9월 28일) 발표자로 내려왔을 때에도 함께 했는데 그는 '화엄불교차문화협회 자문위원'으로 위촉되기도 했다. 한마디로 그는 한국문화예술의 보배라고 할 수 있다.

　최근에는 가정연합 세계본부에서 THINK TANK 2022 정책연구원 소장직을 맡으면서 교회의 미래를 진단하고, 세계평화를 위해 헌신의 나날을 보낸다. 나는 진심으로 감사를 드린다.

2021년 12월 2일 아침에

전 통일재단이사장 **최 윤 기**

# 서 문

오늘날, 한반도 평화와 통일문제가 왜 세계평화실현에 있어 중요한가. 이 화두로 출발한 세계지도자들의 지식연대체가 바로 'Think Tank 2022'이다. 우리가 목도하고 있듯이 오늘날 한반도는 강대국들의 자국 이익우선주의로 인해 동북아 신냉전 체제에 처해 있다. 우리는 미·중 패권 경쟁구도에서 창의적 외교를 통해 우리의 미래를 개척해가야만 하는 기로에 서있다. 냉혹한 국제정치의 현실에서 작금의 대선주자들을 비롯한 많은 정치지도자들은 진영논리에서 벗어나 세계정세를 조망하는 가운데 국가 비전과 정책을 말해야 할 때다. 자신들의 권력유지에만 혈안이 되어 있는 모습을 보인다면 희망의 역사를 만들어가기 힘들 것이다.

이러한 국내외적 위기에 대해, 일찍이 문선명·한학자 총재께서는 특히 한반도의 미래를 준비하시며 선구자적 생각과 실적을 만들어 오셨다. 그 모든 내용이 오늘날, 신통일한국시대 준비로 결집되고 있다. 특별히 2021년 5월, 한국을 비롯하여 전 세계지도자들 2022명이 문선명·한학자 총재의 뜻에 동참하며 신통일한국을 위한 'Think Tank 2022 출범'에 함께하였다. 그리고 9월 12일 'Think Tank 2022 희망전진대회'에는 도널드 트럼프 전 미국 대통령과 아베 전 일본 수상이 기조연설을 하였다. 한반도의 항구적인 평화구축을 위해 역할을 하겠다는 내용이다. 그리고 9월 18일 '1회 Think Tank 2022 포럼'에서는 폼 페이오 전 미국 국무장관이 기조연설을 했다. '종교적 자유와 한반도 통일'이라는 메시지를 통해 한반도의 평화적 통일을 위해 적극적인 노력을 하겠다는 의지를 표명했다. 이러한 모든 역사적 동참은 문선명·한학자 총재의 국가적 아니 세계적 비전인 공생(共生)·공영(共榮)·공의(共義)의 가치공유와 함께 신통일한국, 신통일세계를 위한 헌신적 노력의 결과이다.

'Think Tank 2022'의 근본입장, 즉 세계의 평화가 남북통일에서 비롯될 수 있다는 관점은 매우 유익할 뿐만 아니라 국제정치적으로 적실한 관점이다. 만약 한반도에서 다시 전쟁이 일어난다면 이는 반드시 3차 세계대전으로 확대될 것이 분명하다. 한반도를 둘러싼 미국, 중국, 러시아, 일본 등 주변강대국들의 무기체계와 군사력이 가공할 수준이며, 한국과 북한의 화력도 이들에 못지않은 수준에 도달해 있기 때문이다. 한국전쟁을 3차 세계대전이었다고 말하는 학자들도 있다. 이는 남북통일이 평화적으로 이루어지지 않으면 인류가 세계대전과 인류멸망의 공포에서 벗어날 수 없음을 의미한다.

따라서 이제 우리는 주변 4개 강대국들의 지지와 협력을 이끌어내어 한반도 평화와 통일의 새 역사를 만들어가야 하는 역사적 순간에 서 있다. 그러한 안목과 입장에서 '신통일한국론'을 써야하며 '세계평화론'도 제시해야 할 것이다. 더 나아가 세계평화의 비전아래 한반도 비무장지대에 '세계평화공원'이나 각종 유엔관련기구를 유치하자는 제안과 정책들을 구체화해 가야 할 것이다. 더불어 한일해저터널 사업도 박차를 가해야 할 것이다. 만약 그러한 역사가 잘 실행된다면 한반도에서 다시 전쟁이 일어날 가능성을 제로로 만드는 확실한 방패막이 확보되는 셈이다. 그렇게 세계평화의 초석을 놓아갈 때, 대한민국의 국제적 지위상승과 지도력 향상은 자연스럽게 따라올 것이다.

'Think Tank 2022'는 국제사회로 하여금 패권경쟁을 멈추고 한반도의 통일을 평화적으로 달성할 수 있도록 협조하는 것이 실은 강대국들의 이익에도 부합함을 일깨우고자 한다. 특히 한국지도자들은 이러한 점을 세계에 논리적으로 설득할 책임과 의무가 있다.

한국에는 예로부터 전해오는 천지인(天地人)사상이라는 평화사상이 있다. 천지인사상은 흔히 단군사상으로 전해오는데 하늘과 땅과 사람이 서로 상호관련성 속에서 조화를 이루는 '신(神)의 사상'을 말한다. 조화신(造化神), 치화신(治化神), 교화신(敎化神)이 그것이다. 이는 하늘이 유일신의 성격을 가지면서도 동시에 땅과 사람이 서로 조화를 이루며 살아가는 사상이다.

남북통일문제는 한민족의 문제이면서 동시에 세계의 문제라는 데에 그 복합성이 있다. 평화적인 남북통일과 함께 그것이 세계평화를 이루는 가교역할을 할 수 있도록 한민족의 역량을 키우는 것이 우리들의 시대적 사명일 것이다. 풍류도의 전통을 품고 있는 우리들은 남북의 평화통일과 함께 세계평화를 선도하는 민족으로 거듭나야 한다. 신통일한국을 위한 'Think Tank 2022'의 출범과 희망전진대회 그리고 계속되는 포럼은 한반도 전체를 새롭게 하여 세계평화 실현에 기여할 수 있는 지혜와 역량을 모으는 열린 장이다. 우리는 이 열린 장을 통해 신통일한국과 신통일세계를 위한 정치, 경제, 사회, 언론, 종교, 예술 등 모든 분야에서 새로운 지혜와 정책을 모색하고자 한다.

그 노력의 첫 일환으로 이번에 '신(神)통일한국론과 가디즘(Godism)'을 내게 되었다. 문선명·한학자 총재의 하나님주의(Godism), 신통일한국시대 개문 안착이라는 비전 아래, 오늘날의 시대정신과 국가비전으로서 '신통일한국론'을 모색해 보았다. 4차 산업혁명시대를 살고 있는 현대인들에게 신(神)의 의미를 어떻게 창조적으로 읽어내야 하는지 그리고 신통일한국의 이념과 미래상을 제시하기 위해 애천(愛天)·애인(愛人)·애국(愛國)사상과 공생(共生)·공영(共榮)·공의(共義)의 세계에 대해서도 나름대로 최선을 다해서 소개해 보았다. 더 나아가 오늘날 지쳐 있는 우리 국민들에게 희망을 주는 활생(活生)으로서의 신통일한국운동 - 두익통일운동, 참가정운동, 효정문화예술운동, 유엔과 한반도 평화 운동 - 의 의미와 전망을 고민하고 우리 8천만 한민족 모두, 또한 해외동포들과도 공유하고 싶은 내용을 '한민족에게 고함'이라는 형식으로 소개해 보았다. 첫 결실이라 여러 모로 부족한 점이 많다. 독자여러분들의 고견과 질정을 바란다. 신통일한국과 신통일세계는 함께 만들어가야 하기 때문에 더욱 그렇다.

아무쪼록 국가적으로 어려운 시기에 대한민국의 미래와 한반도 평화 더 나아가 세계평화를 위한 생각과 토론의 장, 'Think Tank 2022'를 만들어주신 한학자 총재님께 심심한 감사를 올린다. 한평생, 신통일한국과 신통일세계 실현을 위해 평화의 어머니로서 살아오신 그 생애와 실적 앞에 큰 감사와 존경을 올리지 않을 수 없다. 아울러 한반도와 지구촌평화를 위한 현실적인 아젠다들을 마련할 수 있는 'Think Tank 2022 정책연구원'을 마련해주신 'Think Tank 2022 포럼' 추진위원장 윤영호 박사께도 고마운 마음을 전한다. 정책연구원에서 함께 일하고 있는 문병철 박사(수석연구위원)와 조형국 박사(사무총장)는 '신통일한국론'을 만드는데 큰 도움을 주었다.

위대한 비전을 받드는 우리들의 노력으로 인해, 신통일한국, 신통일세계 담론과 실천이 학술계뿐만 아니라 국민운동으로, 세계시민운동으로 확산되기를 소망해 본다. '하늘부모님 아래 인류 한가족' 비전과 하늘에 대한 효정의 실천이 온 누리에 희망의 역사로 이어지기를 기원한다.

이 책이 내용의 창의성과 충실성을 더하면서도 독자에게 쉽게 다가갈 수 있도록 다듬어진 것은 가정연합 2세이면서 철학박사인 조형국 박사(한국하이데거학회 국제협력이사)의 협력과 노력에 힘 입은 바 크다. 필자의 철학인류학 및 미래학과 통일교-가정연합의 교리 및 신학의 사유의 사태의 동일성을 진작에 깨닫고 상호소통하는 경지를 미리 밟았기 때문이다. 철학자에게는 철학적 지식의 많고 적음보다 항상 열린 자세를 갖는 것이 소중함을 다시 깨닫게 된다.

2021년 11월

Think Tank 2022 정책연구원 소장 **박 정 진**

시대정신과 국가비전으로서
신(神)통일한국론

## 1. 오늘날, 왜 '신(神)통일한국론'인가?[1]

오늘날, 왜 '신(神)통일한국론'인가? 오늘날 신(神)의 문제는 개인의 추락한 영성, 국가와 세계의 갈등과 전쟁, 환경문제 등 인간과 자연의 모든 문제를 포괄하는 문제이다. 따라서 신통일한국론은 배타적인 국가를 형성한 인간이 어떻게 평화를 유지하고 자연과 공생할 것인가의 문제로까지 소급된다.

현대인은 자연과학에 힘입어 기술능력을 배가하고부터 신을 망각하기 시작했다. 신의 문제가 인간의 문제가 되는 까닭은 인간의 속성에 신이 내재해 있기 때문이다. 오늘날 인류의 문제가 '신통일한국론'으로 개념 정립되는 까닭은 한국의 통일과 세계평화의 문제가 절묘하게 얽혀있기 때문이다. 신통일한국(론)이 내재한 다원다층의 의미를 몇 단계로 나누어 풀어보도록 하자.

## 2. 한민족의 완성은 신(神)통일한국 안착

근대와 근대성을 규정하는 데는 여러 방식이 있겠지만 그 중심을 이루는 것은 자연과학(뉴턴역학)의 발달과 함께 이에 맞는 인간의 삶을 위해 도덕

---

1) 세계일보 2021년 9월 13일자 별지에 보도된 내용임.

과 철학을 완성함으로써 자신의 문화풍토에 맞는 근대국가를 완성하는 데 있다. 근대의 완성은 근대국가의 완성이라고 말할 수 있다. 이런 관점에서 보면 분단 상태에 있는 우리(남북한)는 아직 근대국가를 완성하였다고 할 수 없다. 아직도 남북한은 서양이 제공한 자유와 평등을 기초로 한 냉전체제, 즉 자유민주주의와 공산사회주의의 틀을 깨고 우리 스스로 민족통일의 이데올로기를 구성하지 못하고 있는 형편이다.

우리는 왜 통일국가를 만들지 못하였을까. 남북한의 엄연한 현실을 보면 북한은 핵을 마지막 생존의 무기로 장착하고 남한을 위협하고 있으며, 남한은 '국민소득 3만 달러시대'를 은근히 자랑하면서 북한을 압박하고 있다. 과연 통일로 향할 대안은 없는 것일까.

이에 우리는 남한의 산업화와 경제력을 동원하고 북한체제를 인정하는 가운데 북한을 개발하는, 통일과 경제성장을 동시에 달성하는 묘안(妙案)을 갈구하게 된다. 현재 정치적 상황으로 볼 때, 남북한이 연출하는 최악의 모습은 '국가 없는 국민(남한)'과 '국민 없는 국가(북한)'이다.

근대가 마련한 자유주의(자유)와 사회주의(평등)로 통일이 되지 않는다면 우리는 마지막 근대의 정신인 박애(사랑)로 통일에 접근할 수밖에 없을 것이다. 서로 사랑하면서 공생을 달성하는 길밖에 없다는 말이다. 이제 남북한이 어떻게 사랑할 것인가를 고민할 일만 남았다. 종래처럼 체제경쟁과 저주로 일관한다면 통일의 길은 요원할 수밖에 없다. 결국 한 사회나 국가는 문화능력이, 문력(文力)과 무력(武力)이 다 갖추어졌을 때에 존립 가능한 것이다.

신라가 삼국통일을 이룰 때 한·중·일에서는 불교가 주도적인 이데올로기로 작용하고 있었고, 원효의 '화쟁(和諍)사상'과 의상의 '화엄(華嚴)사상'은 통일을 이루는 사상적 기반 되었다. 오늘날 유신(唯神)과 무신(無神), 좌우대립을 넘어서는 것이야말로 남북통일을 향한 회통불교적인 전통을 잇는 일일 것이다.


## 3. 산업화-민주화, '기술-모방사회'의 한계

오늘날 3만 달러 시대를 구가하는 대한민국의 혼란을 보면 해방공간이나 한국전쟁의 상황으로 돌아간 느낌이 들 때가 한두 번이 아니다. 특히 한국정치 및 이데올로기의 난맥상을 보면 산업화와 민주화의 평행선의 끝을 보는 듯하다. 우리는 지난 과반세기를 산업화와 민주화를 동시에 실현한 것으로 자체 평가해왔다.

그러나 과연 대한민국이라는 국가의 정체성에 대한 통일된 합의가 있었던 가는 의문이다. 대한민국 건국 후 각 정부들은 과거정권의 역사를 인정하지 않는 단절적 자세를 취했던 것이 사실이며, 이는 알게 모르게 국민을 분열시키는 작용을 했으며, 이러한 현상자체가 분열과 당파의 소산이기도 하다.

해방 후 한민족은 사대주의와 식민주의 그리고 마르크스주의의 실험장이 되었다. 사대주의자들은 전통적인 중국사대에서 미국사대로 옮겨갔고,

식민주의자들은 아직도 식민체질을 벗어나지 못했고, 독립운동세력의 상당수는 마르크스주의자가 되었다. 그러나 사대-식민-마르크스주의 그 어디에도 주인정신과 주체적 태도는 찾아보기 힘들다.


## 4. 기술사회와 예술사회의 갈림길에서

한국을 문화적으로 말할 때 흔히 '기술사회-연줄사회'라고 말한다. 이는 개인과 자유를 기초로 근대국가를 출범시켰지만 아직도 선진기술모방과 연줄공동체사회의 한계를 벗어나지 못함을 지적한 것이다. 근대국가의 국가철학이 없는 나라는 결코 선진국이 될 수 없다. 남이 먼저 간 길을 뒤따라가는 것으로는 역사를 새롭게 개척할 수 없기 때문이다.

그렇지만 한국문화에 창조적 전통이 없었던 것은 아니다. 풍류도는 한국인의 문화적 정체성을 찾는 키워드이다. 풍류라는 말은 동아시아 사회가 공유했던 개념이기는 하지만 풍류의 성격이 한·중·일이 다르다는 점을 최치원은 '난랑비서문'에서 밝혀놓고 있다. 유·불·선을 포함하는 삼묘지도(三妙之道), 선사(仙史)의 전통이 그것이다. 오늘날도 이러한 전통의 계승이 필요하다.

한국의 풍류도는 예술에 초점을 두고 있다. 흔히 종교가 본질에 속하고 예술은 현상에 속하는 경우가 많은데 한국에서는 예술이 본질에 속하고 종교는 현상에 속한다고 할 수 있다. 우리조상들은 '멋진 삶'과 '큰 삶'에 삶의 목적을 두었다. 그런데 멋진 삶, 큰 삶을 살기 위해서는 독창성과 예술성이 필요하다. 예술사회란 철학과 윤리학, 미학을 고루 갖춘 사회를 말한다. 지금 한국은 기술사회과 예술사회의 갈림길에서 방황하고 있다.


## 5. 동양평화론을 세계평화론으로 완성해야

독일의 철학자 칸트가 플라톤 이후의 최고철학자가 된 까닭은 근대의 자연과학시대에 맞는 도덕철학을 수립한 데도 있지만 그보다는 그가 만년에 인류평화를 위해 오늘날 국제연합창설의 사상적 토대가 되는 『영구평화론』(1795년)을 집필한 데에 있다.

한편 안중근의 『동양평화론』(1910년)은 동양평화를 모색한 유언과 같은 에세이로 사형선고를 받고 뤼순(旅順) 감옥에서 항소를 포기한 채 영하 20도의 혹한 속에서 쓴 평화론이다.

동양평화론은 일제의 집필시간을 주겠다던 당초 약속위반으로 전체구성만 해놓고 '서문'만 쓴 채 미완성인 채로 남겨졌다. 우리는 미완성인 동양평화론을 세계평화론으로 완성해야 한다. 칸트의 영구평화론과 안중근의 동양평화론은 그 영역과 세계관의 차이를 보이지만 자신이 처한 세계적 안목에서 평화를 추구하였다는 점에서는 같다고 할 수 있다.

오늘날 국가와 기술의 연대는 세계를 패권경쟁 혹은 제국주의의 역사로 만든 지 오래이다. 특히 전쟁무기의 가공할 발전은 더욱 더 강대국들을 패권경쟁으로 몰아넣고, 저마다 자신이 지배하면 세계가 평화를 이루게 된다고 주장하고 있다. 이것이 소위 팍스(PAX=peace)의 의미이다. 팍스아메리카나(Pax Americana), 팍스시니카(Pax Sinica)는 그 대표적인 것이다.

강대국의 평화논리로는 항구적 평화가 이루어지지 않는다는 것을 우리는 알고 있다. 유엔은 아직도 강대국의 논리의 각축장이다. 단지 강대국인 안전보장이사회 상임이사국이 함께 모여 국제적인 분쟁을 토의할 수 있다는 데에 만족하고 있다. 그렇다면 인간은 결코 평화로운 세계를 구축할 수 없다는 말인가. 전쟁과 평화는 국가와 세계의 문제로 비약한다.

이제 팍스코리아나(Pax Koreana)의 시대를 열어야 한다. 코리아는 한번도 세계패권을 경쟁한 역사가 없는 평화민족의 국가이기 때문이다. 코리아(한민족)의 조상국가인 고조선(부족연맹체적 제국)은 수 천 년 간 중앙아시아와 동북아시아, 즉 트랜스-유라시아를 경영하면서 평화를 유지한 평화애호민족이다.


## 6. 신통일한국론, 남북통일세계평화론, 신(神)의 여성성

전쟁은 가부장-국가사회의 논리고, 남성중심사회의 논리이다. 전쟁은 바로 문명과 무기체계의 발달의 결과이다. 만약 인류가 가정-여성중심의 논리를 펼친다면 평화의 달성이 절망적인 것도 아니다. 전쟁이 문명의 소산이라면 평화는 자연친화적으로, 자연중심으로 인간의 삶의 태도를 바꾼

다면 얼마든지 달성할 가능성이 높다.

'가부장-국가사회-남성중심-전쟁'은 '신의 남성성'과 관련되고, '가정-마을사회(지구촌)-여성중심-평화는 '신의 여성성'과 관련된다는 점에서 우리는 후자, 즉 신의 여성성을 강조하는, '절대타자로서의 신'보다는 나의 신체와 함께 있는 '내재성의 신'에 더욱 주목하지 않을 수 없다.

인류의 평화가 한국의 남북통일에서 비롯될 수 있다는 관점은 매우 유익할 뿐만 아니라 역사적 신빙성이 높다. 한반도의 한민족은 고대와 중세에도 항상 남의 나라를 먼저 침략한 경우가 드문 민족이고 국가였다. 말하자면 평화를 애호하는 민족국가였다. 안중근의사의 동양평화론은 오늘날 지평을 넓혀서 다시 세계평화론, 즉 '남북통일세계평화론'으로 발전시킬 필요가 있다.

남북통일문제는 한민족의 문제이면서 동시에 국제적인 문제라는 데에 그 복합성이 있다. 평화저인  남북통일과 함께 그것이 세계평화를 이루는 가교역할을 할 수 있도록 한민족의 역량을 키우는 것이 오늘날 한국인의 역할이라고 하지 않을 수 없다. 이는 민족을 위하는 일이면서 세계를 위하는 일이라는 데에 그 뜻이 있다.

## 7. 인류문명의 원시반본과 신성(神性)의 회복

인류문명은 대서양 시대를 지나 바야흐로 아시아·태평양시대로 접어들고 있다. 이런 문명의 대전환 속에서 미국과 중국은 종래의 관습대로 패권경쟁을 벌이고 있다. 한반도의 남북통일도 이들의 패권경쟁을 도외시하고는 이루어질 수는 없다. 그러한 점에서 한반도의 통일은 인류의 평화와 직결되어 있는 동시에 인류문명의 번영과 행복의 달성과도 긴밀하게 연관되어 있다.

더구나 과학기술문명의 과도한 발전은 인간의 문제를 환경·생태문제로 다루지 않으면 안 되게 하고 있다. 이런 여러 문제들을 해결하기 위해서 종래와는 다른 새로운 철학이 요청되고 있다.

호모사피엔스사피엔스로 통하는 인간은 원시고대에는 사물을 신처럼 숭배하는 신물숭배(神物崇拜)에 빠져 살았다면 오늘날 현대인은 수많은 기술과 도구, 물질문명에 휩싸여 물신숭배(物神崇拜)에 살고 있다. 신을 대체한 과학의 신은 지금 맹위를 떨치고 있다. 어쩌면 현대인은 기계인간이 출현할 것을 예상하면서 그들과 함께 살아갈 심리적·철학적 준비를 하고 있는지 모른다. 기계인간의 등장은 신체적 존재인 인간에게 어떤 위협이 될지 모른다. 기계인간은 인간신의 절정이고, 물신숭배의 극치이다.

신(神)인간이 자연과 본래존재로 향하는 인간이라면 인간신(神)은 기계와 기계인간을 향하고 있는 인간이라고 말할 수 있다. 신물(神物)과 불신(物神)이 정반대이듯이 '신인간'과 '인간신'도 정반대이다. 인간은 이제 인간을 위해서도 신을 앞세우지 않으면 안 되게 되었다.

신이 기계-신이 되고만 과학기술만능시대에서 신을 되찾아야 하는 것이 오늘날 새롭게 대두된 신의 의미이다. 통일교-가정연합의 하나님주의(Godism)은 바로 이런 의미맥락에서 해독되어야 하며, 종래의 하나님을 굳이 '심정의 하나님' '한의 하나님'이라고 하는 이유도 여기에 있다.

신(神)통일한국론은 한반도에서는 평화적 남북통일을 도모하는 한편 인류문명에서는 인간으로 하여금 자연과 공생할 수 있는 길을 여는, 홍익인간(弘益人間)과 홍익자연(弘益自然)을 동시에 달성하려는 철학이고 이데올로기이다. 신통일한국론은 인간을 자연에 보다 가깝게 되돌리는 지혜이다.

신과 영혼과 사물(존재) 자체는 본래 하나였다. 이것을 인간이 세계를 주체-대상의 이분법으로 강도 높게 바라봄에 따라 존재를 대상으로 이용하는 계산적 이성의 발달로 서로 분리되었다. 그 덕택에 과학은 발달하였지만 스스로가 속한 자연적 존재로서의 자리를 잃어버리는 '고향(본향)상실의 존재', '심정(心情)망각의 시대'에 직면하게 된 것이다. 이것이 바로 서양이 개척한 근대과학기술시대의 맨얼굴이다. 이제 인류는 어떻게 창조본성(神性)을 회복한 개인, 가정, 사회, 국가, 세계의 길을 모색해 가야 할까.

# 2
장

신(神)통일한국론으로 본

남북한 현실

우리는 다시 물음을 던져본다. 오늘날, 왜 '신(神)통일한국론'인가? 오늘날, 신의 문제는 인간과 자연의 모든 문제를 포괄하는 문제로 우리에게 다가오고 있다. 신의 문제가 왜 이토록 한꺼번에 사중(四重), 오중(五重)의 문제로 다가오는 것일까?

오늘날 신의 문제는 신을 모시던 인간이 자연과학의 등장에 힘입어 자연을 소유할 기술능력을 배가하고부터 신을 잊어버리거나 버리기 시작했다는 데서 비롯된다. 서양의 기독교는 자신들이 섬기는 유일신을 절대타자로 규정했다. 그런데 그렇게 규정한 서양은 근대에 들어 도리어 유신(唯神), 무신(無神)의 논쟁에 빠져들었고, "신은 죽었다."고 선언하는 등 신을 둘러싸고 혼란에 빠지게 되었다.

급기야 오늘날 절대타자의 신은 기계신(神)으로 둔갑하는 지경에 이르렀다. 아울러 서양의 과학 문명은 자연을 대상으로 규정하고 이용하는 데 급급한 나머지 자연을 황폐화시키고 말았다. 각종 환경공해문제는 그 결과이다. 인간은 자연과 더불어 살아가는 존재(공동존재)라는 것을 잊어버린 인과응보인 셈이다.

현대인은 신을 되살려야 하는 절체절명의 위기에 빠져있다. 신이 죽으면 도리어 인간이 죽게 된다는 사실을 뒤늦게 깨달은 셈이다. 신이 없는 위기에 처한 인간은 이제 신을 되살려야 하는 막중한 책임하에 있다. 신-인간-자연은 하나의 공동운명체이다. 신을 되살려야 하는 막중한 책임이 예로부터 '하나님'을 섬겨온 한민족에게 부여된 것은 운명이자 사필귀정이라고 말할 수 있다. 그래서 일찍이 '하나님주의(Godism)'가 제창되었고, 그것이 오늘날 발전하여 '신(神)통일한국론'으로 정착되고 있다.

신을 버린 인간은 이상하게도 인간 스스로를 소외시키는 자기모순에 빠지게 되었다. 신의 문제가 왜 인간의 문제가 되는 것일까. 신의 속성에는 반드시 인간의 속성이 내재해 있거나 교집합을 이루고 있기 때문이다. 인간의 소외는 이제 인종의 멸종을 걱정하는 지경으로 스스로를 몰아넣은 위험에 이르렀다.

그렇다면 이러한 인류의 문제가 왜 한국과, 그리고 한국의 통일과 관련되는 것일까. 이것은 쉽게 이해되지 않는다. 바로 여기에 '신통일한국' 문제를 풀어가야 하는 실마리가 있다. 신통일한국의 개념의 창출에는 개인에서 문명에 이르는 복합적인 문제를 함께 고려하는 지혜가 들어있다. 또 자연에 대한 성스러움과 경외심을 잃어버린 인간이 신의 문제와 더불어 이 문제를 근본적으로 어떻게 해결하여야 하는가를 탐색하게 된다. 신통일한국에 내재한 다원다층의 의미를 몇 단계로 나누어 풀어보도록 하자.


## 1. 근대의 완성은 근대국가의 완성

근대와 근대성을 규정하는 데는 여러 방식이 있겠지만 그 중심을 이루는 것은 자연과학(뉴턴역학)의 발달과 함께 이에 맞는 인간의 삶을 위해 도덕과 철학을 완성함으로써 자신의 문화풍토에 맞는 근대국가를 완성하는 데 있다. 그런 점에서 근대의 완성은 근대국가의 완성이라고 말할 수 있다. 이성(합리성)과 계몽의 시대를 연 독일철학자 칸트와 절대정신과 함께 절대국가론을 완성한 헤겔은 그것의 상징이라고 할 수 있다.

이런 관점에서 보면 분단 상태에 있는 우리(남·북한)는 아직 근대국가를 완성하였다고 할 수 없다. 우리는 2차 세계대전의 전범국가도 아닌데 미소 냉전체제(시대)의 형성과정에서 분단국가로 전락하였으며, 동족상잔의 한국전쟁을 겪었으면서도 아직도 극심한 체제경쟁 속에서 남북대치상황 속에 있다. 그 까닭은 아직도 서양이 제공한 자유와 평등을 기초로 한 자유민주주의와 공산사회주의의 틀을 깨고 우리 스스로 제3의 민족통일의 이데올로기를 구성하지 못했기 때문일 것이다. 신통일한국(통일)의 관점에서 볼 때 우리는 아직 문화능력이 거기에 미치지 못하였다고 할 수 있다.

## 한민족의 완성은 남북통일국가

우리는 왜 통일국가를 만들지 못할까. 물론 통일을 실현할 독자적인 통일철학(통일사상)을 구축하지 못한 데 그 원인이 있겠지만, 아직도 외국의 예나 들먹이면서 통일에 대한 꿈을 관념놀이로 삼거나 방관자 식으로 대하고 있지 않은지 물어볼 일이다. 남북한의 엄연한 현실을 보면 북한은 핵을 마지막 생존의 무기로 장착하고 남한을 위협하고 있으며, 남한은 '국민소득 3만 달러시대'를 은근히 자랑하면서 북한을 압박하고 있다. 과연 통일을 이룰 제3의 대안은 없는 것일까.

이러한 역사적 지점에서 우리가 생각할 수 있는 것은 자유와 평등의 이데올로기 틀에 갇혀 있어서는 통일을 달성할 수 없다는 사실이다. 우리민족의 뿌리를 찾아 신화를 재구성하던가, 아니면 차라리 남북한이 자기 나름의 이상국가 건설에 매진하든가 해야 하는 선택의 기로에 있다. 전자의 경우 생각보다 쉽지 않으며, 후자의 경우 민족적 손실이 너무 크며 특히 고향을 상실한 남북주민들의 마음의 상처를 메울 길이 없다.

이에 우리는 남한의 산업화와 경제력을 동원하고, 북한체제를 인정하는 가운데 북한을 개발하는 통일과 경제성장을 동시에 달성하는 묘안을 떠올리게 되는 것이다. 그런데 이것도 쉽지 않다. 문제는 북한이 개혁·개방을 두려워하기 때문이다. 현재의 정치적 상황으로 볼 때, 남북한의 최악의 경우를 상정하면, 남한은 '국가 없는 국민'이 될 우려가 있고, 북한은 '국민 없는 국가'가 될 우려가 있다. 어느 것도 근대국가의 완성된 모습이 아니다. 시대가 근대국가를 요구할 때 그것에 부응하지 못한 국가가 망한 예는 부지기수이다. 국가도 영원히 망하지 않는 제도가 아니다. 단적인 예로 현재 세계에 그어진 국경선들은 대개 2차 세계대전 후에 만들어진 것들이다.

현재 남북한의 장점을 최대한 살리는 방향으로 통일을 이루지 못하면 우리는 미래에 어떠한 모습으로 세계 속에 있을지 모른다. 더 이상 세계의 유랑민이 되어서는 안 될 것이다. 근대가 마련한 자유주의(자유)와 사회주의(평등)로 통일이 되지 않는다면 우리는 마지막 근대의 정신인 박애(사랑)로 통일에 접근할 수밖에 없다. 이것만이 공생을 달성할 수 있는 길이다. 이제 남북한이 어떻게 사랑할 것인가를 택할 일만 남았다. 그렇지 않고 종래처럼 체제경쟁과 질투와 저주로 일관한다면 통일을 달성할 수 없음은 명약관

화한 일이다.

남북한의 통일도 우리민족이 통일에 합의할 때 국제사회도 도와주는 것이지, 국제사회가 먼저 나서서 우리의 통일을 달성하게 하는 일은 결코 없을 것이다. 국제사회란 언제나 이웃국가를 지배하고 싶은 게 가부장-국가사회의 출범 후 인류의 역사였다. 결국 한 사회나 국가는 문화능력이, 더 구체적으로는 문력(文力)과 무력(武力)이 다 갖추어졌을 때에 존립 가능한 것이다. 국민들의 문화능력이 없다면 어떠한 사회도 주체적으로 생존할 수 없다.

신라가 삼국통일을 이룰 때, 한·중·일에서는 불교가 주도적인 이데올로기로 작용하고 있었고, 원효의 '화쟁(和諍)사상'과 의상의 '화엄(華嚴)사상'은 통일을 이루는 사상적 기반이 되었다. 불교가 통일을 이루게 했다고는 말할 수 없지만 적어도 민중적 입장에서는 종교가 대중적 철학이기 때문에 국가의 통일에서도 종교의 역할이 크다. 이것이 바로 호국불교의 전통이다. 오늘날 불교세력도 적지 않지만, 근대정신의 도입과 근대화를 이룩한 세력이 기독교였다는 점에서 남북통일에 대한 기독교의 역할이 크게 기대된다. 특히 '열린 기독교'의 자세가 큰 역할을 할 것으로 보인다.

신이 있고(唯神論) 없고(無神論)의 문제는 현상학적인 문제에 불과하다. 존재론적으로 보면 인간이 신이 있다고 주장한다 해서 신이 있고, 신이 없다고 해서 신이 없어지는 문제는 아니기 때문이다. 신이 없다고 말할 때에도 신이 진정으로 없다면 그것을 말할 수가 없다. 따라서 무신론과 유신론의 문제가 인간의 삶의 발목을 잡아서는 안 된다. 유신과 무신을 넘어서서,

좌우익을 넘어서서 두익(頭翼)의 관점에서 남북통일론을 논하는 것은 바로 초월적인 문제이면서 존재론적인 문제입니다.

신과 국가와 자연은 인간의 사회에서 뗄래야 뗄 수 없는 요소이고, 관계에 있다. 동양에서는 예부터 국가를 신기(神器), 즉 신의 기구라고 불렀다. 국가에는 아마도 신의 섭리와 같은 신의(神意)나 대의(大義)가 깃들어 있을 것이라고 본 것이다. 헤겔이 그의 관념론의 완성을 절대정신과 절대국가에서 끝을 맺은 것은 신기와 맥을 같이 한다. 신과 정신, 신과 국가는 긴밀한 상호작용이 있는 것 같다. 남북통일의 문제가 신의 문제로 승화하는 것은 그만큼 인간의 최고지성과 이성으로 이 문제를 풀어야 함을 의미한다.

## 2. 남북한 현실에 대한 회고와 반성

오늘날 지식인과 국민의 대립과 갈등, 여·야정치인들의 내로남불적 태도를 보면 마치 인간의 지식체계의 편향성에 대해 근본적인 회의를 품게 된다. 인간의 이성이 합리성을 찾는 것이 아니라 자신의 합리화에 더 쓰이는 것 같다. 더욱이 3만 달러 시대를 구가하는 남한(대한민국)의 혼란이 해방공간이나 한국전쟁의 상황으로 돌아간 느낌이 들 때가 한두 번이 아닌 것은 역사의 발전을 의심케 하기에 충분하다. 인간의 머리와 지식은 자신이 배우고 길들여진 것에 세뇌되는 것이지, 경제력은 크게 영향을 미치지 못하는 것은 아닌가 생각된다. 결국 인간의 사유세계는 교육과정에서 어느 신화, 어느 이데올로기에 길들여졌는가의 문제로 낙착되는 것 같다.

## 산업화-민주화,'기술-모방사회'의 한계

오늘의 한국적 상황은 1960년부터 시작된 한국의 근대화 물결, 4·19의
거와 5·16군사쿠데타, 그리고 산업화와 민주화의 평행선의 끝을 보는 듯
하다. 우리국민은 흔히 지난 과반세기를 산업화와 민주화를 동시에 실현한
것으로 평가한다. 과연 우리 식의 민주화가 달성된 것인지에 대해서는 아
직 의문이 없지 않지만 적어도 선거로 당선된 대통령을 인정하는 수준에
이른 것은 사실이다.(만약 선거부정이 있었으면 민주주의는 성립되지 않는
다) 소위 좌파든, 우파든, 당색과 지역을 떠나서 선거에 의해 선출된 대통
령은 공인했던 것이다.

그러나 과연 여당과 야당이 대한민국이라는 국가의 정체성에 대한 통일
된 합의가 있었던가에 대해서는 의문을 품지 않을 수 없다. 대한민국 건국
후 각 정부들은 과거정권의 역사를 인정하지 않는 단절적 자세를 취했던
것이 사실이며, 이는 알게 모르게 국민을 분열시키는 작용을 했으며, 이 또
한 그러한 분열과 당파의 소산이기도 합니다. 크게 보면 당파적 나라운영
에 정치인은 물론이고, 지식권력엘리트도 동조했던 셈이다.

우리사회의 가장 큰 문제점은 이제 거짓말을 예사로 한다는 데에 있다.
이는 모두 국가경영의 높이에서 국가운명을 걱정하고 국정을 수행하지 않
기 때문에 일어나는 일이다. 중상과 모략을 대수롭지 않게 여기는 사회, 특

히 선거에서는 수단과 방법을 가리지 않고 이기고 보자는 정치인의 태도는 이것이 진정 우리나라 의식수준인가를 의심케 할 정도이다.

거시적으로 보면 우리는 나라를 일제식민지로 빠뜨린 조선조 당파싸움의 나쁜 선비전통을 아직도 벗어나지 못하고 있다. 당파적 본성은 역사적 주체성의 상실과 더불어 조선조에 맹위를 떨쳤다. 세종의 훈민정음창제와 금속활자의 발명, 그리고 과학기술의 진흥은 민본주의(민주주의)의 발전과 민족문화능력의 확대로 승화되지 못하고, 구한말에 이르러 일제 식민지라는 질곡을 맞고 말았다. 오늘날도 여전히 한민족은 자유민주주의와 공산사회민주주의의 틈바구니에서 자신의 길을 찾지 못하고 있다. 이 모두 스스로 사유하는 힘(철학)의 부족에서 기인한다. 이런 의미에서 우리 스스로, 주체적으로 한반도 평화론과 통일론을 쓰는 일은 신통일한국시대를 위한 초석을 마련하는 일이 될 것이다.

태평양전쟁에서 일본이 패함으로써 얻은 해방과 광복은 우리 스스로의 힘으로 쟁취한 것이 아니었기에 한민족은 좌·우 이데올로기의 주입과 세뇌(신내림)로 그것을 주인(몸주신)으로 섬긴 채 6·25라는 동족상잔의 '희생제'를 치렀다. 그런데 그 서양귀신의 신내림은 아직 우리를 분열시킨 채 '정체불명의 민주주의'라는 유령으로 우리를 압도하고 있다.

돌이켜 보면 산업화라는 것도 선진기술을 모방하고 조합하는 '기술문화'의 수준이었다. '창조과학'의 수준이 아니었다는 말이다. 산업화는 그렇다 치고, 민주주의는 어떠한가. 솔직히 여당이든 야당이든 정권을 잡으면 독재강행(독단) 식으로 겨우 국정을 운영하였던 게 사실이다.

산업화 이후에 우리의 민주주의는 완전히 양극으로 갈라진 채 지금까지 혼란을 거듭하고 있다. 좌·우파의 균형을 잡지 못한 채 휘청거리고 있다. 스스로 생각할 수 있는 힘(문화역량)이 부족한 한민족은 과거에 매달려 있으면서 미래를 개척하는 데에 힘을 쓰지 못하고 낭비하고 있다. 우리는 산업과 인문에서 서구를 모방하는 기술문화의 수준에 머물러있다고 말할 수 있다. 이를 종합적으로 '기술사회', '기술인문학의 사회'라고 명명할 수 있을 것이다.

## '사대주의-식민주의-마르크스주의'실험장

해방 후 한민족은 사대주의와 식민주의와 마르크스주의의 실험장이 되었다. 사대주의자들은 전통적인 중국사대에서 미국사대주의자가 되었고, 식민주의자들은 체질화된 일제식민주의를 벗어나지 못했고, 식민지에 저항하면서 울분을 토했던 독립운동세력들은 대부분 쉽게 마르크스주의자가 되었다. 어디에도 주인정신과 주체성은 찾아보기 힘들다. 이들 세 가지 이데올로기를 관통하는 공통점은 바로 종속성이고 노예성이다.

앞서 말한 '기술사회'라는 것은 개인과 자유를 기초로 하는 창조적 민주사회라기보다는 기술모방과 연줄공동체사회의 한계를 지적하는 것이기도 하다. 결코 창조적이지 않은 지식인과 국민을 가지고는 선진국이 될 수 없다. 4차 산업혁명과 창조문화예술은 결코 슬로건으로 달성되는 것이 아니라 그것을 실행할 수 있는 인물과 문화능력이 뒷받침될 때 가능한 것이다.

'졸부적 풍요와 세속적 욕망'에 빠져있는 수준으로서는 역부족이다.

　일반적으로 기술사회에서 창조예술사회로 도약하는 나라가 선진국이라면 우리는 현재 그런 자질이 충분하다고 말할 수 없다. 기술모방에 안주하는 버릇은 과거에 급제하기 위해 사서삼경을 공부하던 조선조 선비들의 출세주의와 무관하지 않다. 오늘날도 사법고시는 같은 기능을 하고 있다. 탐관오리의 전통과 식민지 시절에 형성된 식민체질에 자신도 모르게 길들여진 우리는 자신도 모르게 노예적 속성에 길들여진 것 같다. 어쩌면 진정한 국가독립과 독립적인 문화를 형성하는 것 자체를 잊어버렸는지도 모르겠다.

　자생철학이 없는 나라는 선진국이 될 수 없다. 남이 간 길을 가는 것으로 역사를 개척할 수는 없다. 기존의 의식(儀式)과 틀(mechanism), 제도(institution)와 패러다임(paradigm)에 의존하는 것으로는 선진국으로 도약할 수 없다. 그런데 문제는 도약하지 않으면 제자리에 머물 수는 없고 후퇴하는 일만 남게 된다는 점이다.

　그렇지만 한국문화에 창조적 전통이 전혀 없는 것은 아니다. 풍류도는 한국인의 문화적 정체성을 찾는 키워드이다. 풍류라는 말은 동아시아 사회가 공유했던 개념이기는 하지만 풍류의 성격이 한·중·일이 다르다는 점을 최치원은 '난랑비서문'에서 밝혀놓고 있다. 유·불·선을 포함하는 삼묘지도(三妙之道) 즉 현묘지도(玄妙之道), 선사(仙史)의 전통이 그것이다. 오늘날 선도(仙道)는 그 명맥을 유지하고 있다.

## 천부경-풍류도의 전통을 이어 예술사회로

한국의 풍류도는 예술에 초점을 두고 있다. 말하자면 흔히 종교가 본질에 속하고 예술은 현상에 속하는데 우리는 예술이 본질에 속하고 종교는 현상에 속한다고 할 수 있다. 그래서 우리조상들은 '멋진 삶'과 '큰 삶'에 삶의 목적을 두었다. 멋진 삶, 큰 삶을 살기 위해서는 독창성과 예술성이 필요하다. 예술사회란 철학과 윤리학, 미학을 고루 갖춘 사회를 말한다. 이른바 오늘날 문화선진국을 말한다. 그렇게 보면 우리는 기술사회과 예술사회의 갈림길에서 방황하고 있는 셈이다.

인류문명을 거시적으로 보면 원시·고대에서 중세까지는 '종교적 인간'의 특성이 두드러졌고, 근대에 들어 '과학적 인간'의 특성이 강화되었다고 할 수 있다. 과학적 인간은 종국에는 인간중심주의에 의한 인간신(神) 혹은 과학기술주의에 의한 기계신(神)을 섬기기 시작했고, 따라서 인간은 자연(본래존재)과 신(神)을 잃어버리는 기계적 인간, 고독한 인간이 되었다.

고독한 인간, 실존적 인간을 구제할 대안은 어디에서 찾아야 하는가. 여기에서 우리는 '예술적 인간'으로서의 인간존재에 대한 이해를 도모할 필요에 직면하고 있다. 예술적 인간이란 바로 '인간의 자유와 창조성'을 인정하는 한편 자연의 존재 그 자체를 사랑하는 인간관이라고 할 수 있다. 다행스럽게도 풍류도는 한민족의 미래를 밝힐 뿐만 아니라 인류의 미래를 한민족이 이끌어갈 수 있는 문화능력과 정당성을 제공해주는 셈이다.

특히 천부경(天符經)의 인중천지일(人中天地一: 사람 속에서 하늘과 땅이 역동적인 하나가 된다)과 풍류도사상(相磨以道義, 相悅以歌樂, 遊娛山水)을 용합하면 신과 더불어 노는, 신바람 나는 예술문화를 창조할 수 있는 한민족이 될 수 있다. 말하자면 인중천지일풍류도(人中天地一風流道)를 체화한 한민족이 되면 된다. 풍류도도 도의(道義)를 가장 중시했지만 문선명 총재의 공생공영공의사상도 도의(道義:共義)를 중시한 것은 한민족의 전통을 이은 것이다. 이제 자연과 더불어 살면서 동시에 신과 함께 노는 인간의 미래를 창조하지 않으면 인간은 자연과 신으로부터 소외된 인간으로 살아갈 수밖에 없다.

신과 인간과 자연은 서로 타자가 아니다. 신 속에 인간과 자연이 있고, 인간 속에 신과 자연이 있고, 자연 속에 신과 인간이 있다. 신과 인간과 자연은 모두 즉자인 동시에 타자의 존재이다. 말하자면 즉자타자(卽自他者)의 존재이다. 그래서 세계를 이분법(二分法)으로 보는 것보다는 이중적(二重的)으로 보는 것이 본래존재에 도달하는 길이다.

예술을 중심으로 철학을 정리하면 진선미(眞善美)가 미선진(美善眞)으로 역전되고, 예술은 존재적 인간의 특징을 드러낸다. 한국인은 미(美)를 멋(맛)으로 드러낸다. 멋(맛)과 미(美)의 다른 점은 전자는 신체적이고 역동적이고 입체적인 반면 후자는 시각적이고, 정태적이고 평면적인 성격이 강하다고 할 수 있다. 한국인의 미의 핵심은 바로 역동성이다.

그래서 한국인은 신바람이 나야 일과 놀이를 잘하고, 신과 더불어 놀아야 직성이 풀리는 민족이다. 그러한 가무(歌舞)를 좋아하는 성격 때문에 철학적 사유를 좋아하기 보다는 노래하고 춤추기를 좋아한다.

| 인중천지일(人中天地一)-풍류도(風流道)의 한국인 | | |
|:---:|:---:|:---:|
| 美 | 善 | 眞 |
| 한국인 (일상) | 동양도학 | 서양철학 |
| 아름다움 (멋, 맛) | 윤리(善惡) | 과학(眞僞) |
| 존재적 인간 | 도덕적 인간 | 도구적 인간 |
| 무위적 인간 | 위선적 인간 | 패권적 인간 |
| 자연적 | 상대적 | 절대적 |

<풍류도의 한국인>

## 3. 남북한을 하나로 이끌 천지인 평화통일사상

독일의 철학자 칸트가 플라톤 이후의 최고철학자가 된 까닭은 근대의 자연과학시대에 맞는 도덕철학을 수립한 데도 있지만 그보다는 그가 만년에 인류평화를 위해 오늘날 국제연합(UN)창설의 사상적 토대가 되는 『영구평화론』(1795년)을 집필한 데에 있다.

칸트는 『순수이성비판』에서 과학적 지식의 가능원리를 탐구했다면, 『영구평화론』에서는 인류공존공영의 기반인 '영원한 평화'를 가능하게 하는 원리를 논구했다고 볼 수 있다. 둘 다 이성을 가진 인간의 기획으로서는 탁월한 것이다.

칸트는 그의 지식론에서 진(眞)의 원리를, 윤리학에서 선(善)의 원리를, 미학에서 미(美)의 원리를, 종교론에서 성(聖)의 원리를 천착한 다음에, 정치철학에서 본격적으로 '화(和)'의 원리 탐구에 집중했다. 그렇게 평화의 원리를 제시함으로써 그는 국제연합창설의 철학적 기초를 제공하였던 것이다.

이에 비해 안중근의 『동양평화론』(1910년)은 동양에서의 평화를 모색한 것이다. 그가 사형선고를 받고 뤼순(旅順) 감옥에서 항소를 포기한 채 영하 20도의 혹한 속에서 쓴 평화론이다.

『동양평화론』은 일제의 집필시간을 주겠다던 당초 약속위반으로 인해 전체구성만 해놓고 '서문'만 쓴 채 미완성인 채로 남겨졌다. 그렇지만 『동양평화론』은 서문과 일부원고만으로도 동양평화에 대한 절규의 유언이라고 할 수 있다.

칸트의 『영구평화론』과 안중근의 『동양평화론』은 그 영역과 세계관의 차이를 보이지만 자신이 처한 세계적 안목에서 평화를 추구하였다는 점에서는 같다고 할 수 있다. 그렇다면 오늘날 우리는 어떤 평화론을 제안하여야 할까? 이제 동양도, 세계도 인간의 세계관으로서는 너무 좁다. 평화를 유지하려면 어디에서부터 시작해야 할까? 적어도 평화를 위협하는 전쟁의 원인이 무엇인지를 규명하고 거기서 출발하여야 할 것이다.

국가는 전쟁과 더불어 도구와 기술의 발달을 가져왔고, 오늘날 국가는 전쟁기계의 성격과 함께, 이미 AI기술의 발달과 함께, 기계전쟁의 출현을 앞당기고 있다. 국가가 전쟁과 무기의 결합이라면 종교는 영성과 자연의 회복과 연결된다. 더욱이 인간은 시간과 공간을 발견한 존재이다. 시간이 있기 때문에 순간과 영원이 있고, 공간이 있기 때문에 여기와 저기가 있다.

국가와 기술의 연대는 세계를 패권경쟁 혹은 제국주의의 역사로 만든 지 오래이다. 특히 전쟁무기의 가공할 발전은 더욱 더 강대국들을 패권경쟁으로 몰아넣고, 저마다 자신이 지배하면 세계가 평화를 이루게 된다고 주장하기에 이르렀다. 이것이 바로 팍스(PAX=peace)의 의미이다. 팍스아메리카, 팍스시니카는 오늘날 그 대표적인 것이다. 구한말에도 열강들은 한국을 지배하거나 식민지로 만들려고 각축전을 벌였다. 이러한 사정은 오늘날도 예외가 아니다.

## 신통일한국론, 남북통일세계평화론, 제 5유엔사무국

그렇지만 이러한 강대국의 평화논리로는 항구적 평화가 이루어지지 않는다는 것을 우리는 알고 있다. 유엔마저도 강대국의 논리의 각축장이지 않은가. 강대국인 안전보장이사회 상임이사국이 함께 모여 국제적인 분쟁을 토의할 수 있다는 데에 만족하고 있다. 그렇다면 인간은 결코 평화로운 세계를 구축할 수 없을까. 전쟁과 평화는 국가와 세계의 문제로 비약한다.

전쟁은 가부장-국가사회의 논리고, 남성중심사회의 논리이다. 전쟁은 바로 문명과 무기체계의 발달의 결과이다. 만약 인류가 가정-여성중심의 논리를 펼친다면 평화의 달성이 절망적인 것도 아닐 것이다. 전쟁이 문명의 소산이라면 평화는 자연의 소산, 자연친화적 태도의 결실이다.

'가부장-국가사회-남성중심-전쟁'은 '신의 남성성'과 관련되고, '가정-마을사회(지구촌)-여성중심-평화'는 '신의 여성성'과 관련된다는 점에서 우리는 후자, 즉 신의 여성성을 강조하는, '절대타자로서의 신'보다는 나의 신체와 함께 있는 '내재성의 신'에 더욱 주목하지 않을 수 없다.

이러한 '내재성의 신', '신의 여성성'에 민감한 민족이 바로 한민족이다. 그래서 '심정(心情)의 하나님'도 발견했던 것이다. 고난의 역사를 통해 여성적, 종교적, 예술적 성격이 강한 한국문화와 역사가 후천개벽시대를 맞아 오히려 세계평화에 기여할 수 있는 지혜와 역량을 발휘할 수 있는 때가 온 것이다. 따라서 이러한 기회를 잘살려 우리는 인류의 평화가 한반도 평화와 통일에서 비롯될 수 있다는 사태를 설득력있게 제시해야 할 것이다.

인류의 평화가 한국의 남북통일에서 비롯될 수 있다는 관점은 매우 유익할 뿐만 아니라 역사적 신빙성이 높다. 한반도의 한민족은 고대와 중세에도 항상 남의 나라를 먼저 침략한 경우가 드문 민족이고 국가였다. 말하자면 평화를 애호하는 민족국가였다. 안중근 의사의 동양평화론은 오늘날 지평을 넓혀서 다시 세계평화론, 즉 '남북통일세계평화론'으로 발전시킬 필요가 있다.

남북통일문제는 한민족의 문제이면서 동시에 국제적인 문제라는 데에 그 복합성이 있다. 평화적인 남북통일과 함께 그것이 세계평화를 이루는 가교역할을 할 수 있도록 한민족의 역량을 키우는 것이 오늘날 한국인의 역할이라고 하지 않을 수 없다. 이는 민족을 위하는 일이면서 세계를 위하는 일이라는 데에 그 뜻이 있다. 풍류도 전통의 한국인은 통일과 함께 세계평화를 선도하는 민족으로 거듭나야 한다.

한반도 비무장지대에 '제 5유엔사무국' 유치운동은 이곳에서 다시 전쟁이 일어날 가능성을 제로로 만드는 확실한 방패막이가 되는 것은 물론이고, 나아가서 세계평화에 기여하는 일등공신이 될 가능성이 높다. 또한 가장 비용을 적게 들이고 세계평화의 초석을 놓은 일이 될 것이다. 또한 대한민국의 국제적 지위상승과 지도력 향상은 저절로 따라올 것이다.

한반도에서 다시 전쟁이 일어난다면 이는 반드시 3차 세계대전으로 확대될 것이 분명하다. 한반도를 둘러싼 미국, 중국, 러시아, 일본 등 주변강대국들의 무기체계와 군사력이 가공할 수준이며, 한국과 북한의 화력도 이들에 못지 않는 수준에 도달해 있기 때문이다. 한국전쟁을 3차 세계대전이었다고 말하는 학자들도  있다. 이는 남북통일이 평화적으로 이루어지지 않으면 인류가 세계대전과 인류멸망의 공포에서 벗어날 수 없음을 의미한다.

이에 세계는, 특히 오늘날 패권국가인 미국과 중국은 패권경쟁을 멈추고 한반도의 통일을 평화적으로 달성할 수 있도록 협조하는 것이 실은 자국의 이익에도 부합함을 깨달아야 한다. 한국은 이러한 점을 세계에 논리적으로 설득할 책임과 의무가 있다.

더욱이 한국에는 예로부터 전해오는 천지인사상이라는 평화사상이 있다. 천지인사상은 흔히 단군사상으로 전해오는데 하늘과 땅과 사람이 서로 상호관련성 속에서 조화를 이루는 '신(神)의 사상'을 말한다. 조화신(造化神), 치화신(治化神), 교화신(敎化神)이 그것이다.

천지인사상의 신은 하늘 속에 땅과 인간이 있고, 땅 속에 인간과 하늘이 있고, 인간 속에 하늘과 땅이 있음을 의미하는 신관이다. 그것의 핵심은 인중천지일(人中天地一)사상이다. 이는 하늘이 유일신의 성격을 가지면서도 동시에 땅과 사람이 서로 조화를 이루며 살아가는 사상이다. 말하자면 신과 인간과 자연은 하나라는 사상이다.


## 4. 신(神), 21세기 인류문명사의 원시반본적 의미

21세기에 접어든지 20여 년이 흘렀지만 이상하게도 인류문명은 21세기에 대한 비전과 전망을 제대로 내놓지 못하고 있다. 과학기술의 발달과 함께 4차 산업혁명에 대한 담론과 함께 인공지능, 무인자동차, 그리고 비대면(非對面)-온라인사회, 지구촌 등에 대해서는 나름대로 전망과 기술적 발전 등을 성취하고 있지만, 인간의 삶 전체의 방향성이나 새로운 시대에 맞는 도덕이라든가, 삶 전체의 의미를 정향하는 특별한 논의를 하지 못하고 있다는 실정이다.

인류문명이 예전보다는 너무나 복잡하게 구성되어 있고, 국가나 종교, 인종과 민족, 그리고 계급 간의 장벽과 갈등이 팽배해 있고, 대륙별·국가별로 삶의 조건이 다르고 서로 다른 목소리와 요구가 충돌하고 있기 때문에 인류의 삶을 한 방향으로 이끌어가기도 어려운 게 사실이다. 흔히 서구의 철학자들은 오늘날을 후기근대사회라고 규정하고, 그 정체성을 해체 혹은 해방에 두기도 한다. 그러나 해체주의 속에서도 성문란이나 동성애, 동성결혼 등 급진적인 혁명의 부추김도 없지 않다. 요컨대 소수자(minority)

보호운동이나 급진적인 여권운동 등은 종래 가부장-국가사회로 볼 때는 역차별의 요소도 없지 않다.

보건의료기술의 발달로 인해 고령화 사회에 접어든 지구촌은 어느 국가를 막론하고 인구문제에 직면해 있다. 여성들의 현격한 출산율 저하와 젊은 인구의 감소는 가장 큰 사회문제가 된 지 오래다. 그동안 여성의 출산은 사회적 생산의 증가에서 소외되었지만 지금은 만약 여성이 2대에 걸쳐 신생아를 낳지 않으면 사회와 국가는 망하지 않을 수 없는 입장에 처하게 된 상황이다. 21세기는 아직도 스스로의 지향점을 정하지 못하고 있다. 그래서 막연하게 세기말적 불안의 연장과 데카당스의 분위기도 맴돌고 있다.

근대를 이끌어온 서구는 자유와 평등과 박애를 외쳤지만, 이들 삼자간의 모순과 갈등은 해결하지 못한 채 자유민주주의와 공산사회주의의 패권경쟁 속에서 인류애는 어느 때보다 설 자리를 잃고 있다고 말할 수 있다. 자유도 권력의 자유(강한 자의 자유가 약한 자의 자유를 침범하는 자유)가 되었고, 평등도 권력의 평등(평등을 빌미로 빈곤의 평준화와 공산당 귀족주의의 등장)으로 변해버렸다. 인류는 자유주의든, 평등주의든 '기술관료전체주의'로 전락할 위기에 직면하고 있다.

서구문명은 물질문명과 배금주의와 과학기술주의라는 물신숭배에 빠져 스스로 해결방안은 내놓지 못하고 있다. 니체의 말처럼 신(神)은 죽었고, 인공지능과 기계인간의 출현이 마치 인간의 진화인 것처럼 지성계에 받아들여지고 있다. 인류는 가상현실과 기계문명의 몰아세움 속에서 인간성을 상실하고, 종래의 신적인 분위기, 신비감 혹은 성스러움은 어디에서도 찾아볼 수 없다.

　바로 이러한 복합적인 이유 때문에 인류는 역으로, 원시반본적으로 신(神)을 되찾지 않으면 안 된다. 신은 신을 위해서 존재한 것이 아니라 인간을 위해서 존재함을 뒤늦게 깨닫고 있으며, 신이 죽은 사회는 인간이 죽은 사회로 변모함을 눈앞에서 보고 있기 때문이다.

## 인류문명의 원시반본과 신성(神性)의 회복

　인류문명은 대서양 시대를 지나 바야흐로 아시아태평양시대로 접어들고 있다. 이런 문명의 대전환 속에서 미국과 중국은 종래의 관습대로 패권경쟁을 벌이고 있다. 한반도의 남북통일도 이들의 패권경쟁을 도외시하고는 이루어질 수는 없다. 그러한 점에서 한반도의 통일은 인류의 평화와 직결되어 있는 동시에 인류문명의 번영과 행복의 달성과도 긴밀하게 연관되어 있다.

　더구나 과학기술문명의 과도한 발전은 인간의 문제를 환경·생태문제로 다루지 않으면 안 되게 하고 있다. 이런 여러 문제들을 해결하기 위해서는 종래와는 다른 새로운 철학을 요구하고 있다. 철학은 사대정신을 개념으로 잡아서 생활인에게 보여주는 역할을 한다. 근대문명을 주도한 서양의 과학기술문명과 이에 따른 근대성의 확립과 소위 합리성은 이제 정신적 약효를 잃고 있다. 근대 과학기술과 계몽주의와 함께 출발한 합리성은 이제 '도구적 합리성'으로 전락했기 때문이다.

오늘날 근대인류는 사물(존재)을 이용의 대상으로 보면서 결국 스스로를 타인으로 만들고 말았다. 타인은 저절로 지옥이 되어버렸다. 사물을 이용의 대상으로만 보면 그곳에는 어느 새 악이 깃들고 소유욕과 함께 목적을 향해서는 수단과 방법을 가리지 않는 인간성을 만들어냈다. 우리는 이제 누구나 타인이다. 우리가 없어졌다. 나와 너가 만나면 사람들은 저절로 공동체를 이루고 우리가 되었는데 지금은 타인밖에 없다. 그래서 어떤 철학자는 타자의 얼굴에서 메시아를 보지 않으면 안된다고 타자의 철학을 제시하기도 한다.

유신론(헤겔)과 무신론(마르크스)의 대립은 인간으로 하여금 점진적으로 무신론으로 향하게 만들었고, 신의 사망선고(니체)는 인간의 사망선고에 다름 아닌 것으로 만들었다. 이러한 문명적 조건이 우리로 하여금 과학기술시대, 4차 산업시대에 신을 다시 부르고, 요청하게 만들고 있다.

호모사피엔스사피엔스로 통하는 인간은 원시고대에는 사물을 신처럼 숭배하는 신물숭배(神物崇拜)에 빠져 살았다면 오늘날 현대인은 수많은 기술과 도구, 물질문명에 휩싸여 물신숭배(物神崇拜)에 살고 있다. 신을 대체한 과학의 신은 지금 맹위를 떨치고 있다. 어쩌면 현대인은 기계인간이 출현할 것을 예상하면서 그들과 함께 살아갈 심리적·철학적 준비를 하고 있는지도 모른다. 기계인간의 등장은 신체적 존재인 인간에게 어떤 위협이 될지도 모른다. 기계인간은 인간신의 절정이고, 물신숭배의 극치이다.

물질만능의 현대인은 이데올로기적으로 좌우익을 막론하고 과학기술에 의존해 사는 유물론자 혹은 과학기술숭배자들이다. 유물론이 관념적 유물론이라면 자연과학과 자본주의야말로 유물론과 물신숭배를 이끌어가는 견인차이다. 유심론이 유물론인 셈이다. 니체가 "신은 죽었다."고 선언할 때만 해도 무슨 '큰 철학적 선언'이라도 한 것처럼 호들갑을 떨 정도로 순진하였던 것 같다. 현대인은 신이 죽었다고 해도 놀라지도 않고 "신이 언제 있었던가?"라고 의아해할 정도이다. 현대인은 신 자체를 잃어버렸다.

과학기술을 향유하지 않는 현대인을 상상하기 어렵지만, 과연 현대인이 행복한가라고 물으면 우리는 할 말을 잃게 된다. 인간은 스스로 자기향유를 할 수 없는 존재가 되었다. 과학기술문명은 평행적으로 정신신경질환자를 양산하고 있는 것도 사실이다. 현대인은 정도의 차이가 있을 뿐 누구나 약간씩 정신신경심리치료(상담)를 요하고 있는 것 같다. 현대인의 특징은 스스로 심신의 균형을 이룩하기 어려운 정신분열증의 구조 속에 있다.

인간의 영혼은 마음(心)을 물질(物)에 너무 빼앗겨서도 안 되고, 물질적 도구와의 긴장 속에서 적절한 심신의 균형을 유지해야만 행복을 느끼는 동물이다. 현대인은 죽음의 불안보다는 삶의 불안과 초조에 시달리고 있다. 물질문명의 구조가 현대인을 그렇게 만든 지 오래다. 평균수명과 소득은 늘어나는데 생활은 불안과 공포에 쫓기고 있다, 이것은 이율배반이다. 물질은 풍부한데 정신이 궁핍하다면 그 원인은 무엇일까.

신(神)인간이 자연과 본래존재로 향하는 인간이라면 인간신(神)은 기계과 기계인간을 향하고 있는 인간이라고 말할 수 있다. 신물(神物)과 물신(物神)이 정반대이듯이 '신인간'과 '인간신'도 정반대이다. 인간은 이제 인간을 위해서도 신을 앞세우지 않으면 안 되게 되었다. 신은 이제 타자(절대타자)로서의 신이 아니라 '자신으로서의 신(自身, 自信, 自新, 自神)'이 되지 않으면 안 된다. 자신은 신체적 존재로서의 내 몸에서, 체화된 내 믿음에서, 날마다 생동하는 나의 창조와 새로움에서, 스스로 신이 되는 나의 성스러움에서, 이 네 가지 요소가 함께 통일되어 있지 않으면 안 된다. 이것을 위인성신(爲人成神: 인간 됨은 신 됨에서 완성됨)이라고 요약할 수 있을 것이다. 이것은 '존재(Being)의 신'이라기보다는 '생성(becoming)의 신'이다.

신(神)통일한국론은 개인과 집단으로서의 인류에게 새로운 역사적 지평과 지향점을 열어주는 것을 비롯해서 한반도에서는 평화적 남북통일을 도모하는 한편 인류문명에서는 인간에게 자연과 공생할 수 있는 길을 열어주는, 홍익인간(弘益人間)과 홍익자연(弘益自然)을 동시에 실현하려는 철학이고 이데올로기이다. 자연은 이제 인간의 이용물이 아니라 삶의 환경과 여건으로서 함께 살아가야 하는 평등한 존재이다.

신통일한국의 신(神)은 고대 한국문화의 전통인 천지인(天地人) 사상의 현대적 번안 혹은 창조적 재해석이라고 할 수 있다. 천지인 사상에서 신=천, 영혼=인, 존재(사물)=자연이 된다. 천지인 사상이 하나로 환원된 것이 바로 신통일한국의 신이다. 신통일한국이라는 말 속에는 유불선기독교를 통합하는 한국인의 현묘지도(玄妙之道)의 풍류도 정신이 들어있다.

가디즘(Godism), 하나님주의는 인간이 자연과 더불어 살아가던 천지인 사상의 시절로 돌아가는 사상으로 존재 자체를 신으로 보는 사상이다. 이것은 당연히 네오샤머니즘(neo-shamanism), 즉 과학시대를 너머 새롭게 정의된 샤머니즘의 사상과 통하는 것이다. 하나님주의는 옛 풍류도, 현묘지도를 오늘에 되살리는 신풍류도(新風流道) 사상이다. 하나님주의와 신(神)통일한국사상은 연속선상에 있다.

| 신(神)통일한국<br>=儒佛仙기독교<br>=천부경(天符經) | 天 | 神 | 神 | 기독교 | 현묘지도(玄妙<br>之道)의 풍류도<br>(風流道) 정신 |
|---|---|---|---|---|---|
| | 人 | 靈魂 | 精神 | 유교 | |
| | 地 | 존재<br>(사물) | 물질<br>(육체) | 불교 | |
| * 하나님주의(Godism)와 신(神)통일한국사상은<br>오늘의 신풍류도, 네오샤머니즘이다 | | | | | |

## 5. 제정일치와 분리, 종교국가와 국가종교의 교체

인류사를 종교와 국가의 중심교체라는 관점에서 보면 고대 신화시대에서 중세 종교국가시대, 근대 국가종교시대로 발전하였다고 볼 수 있다. 이는 제정일치(祭政一致)시대에서 제정분리시대로 넘어오면서 제사(종교)와 정치(국가)의 교체가 이루어졌기 때문이다. 제사는 실은 정치의 원형이다. 제사가 신과의 소통을 통해 정치를 하는 것이라면, 정치는 인구의 증가와 더불어 현실적인 삶(의식주)의 문제를 해결하면서 신과 소통을 하는 것이다.

그러면 미래는 다시 종교국가시대가 되어야 할 차례인가? 여기서 종교국가란 중세로 돌아간다는 의미가 아니다. 말하자면 특정종교의 제도나 형식에 집착하기보다는 영성을 중시하는 시대가 다가옴을 의미한다. 여기서 영성이란 생명을 가진 존재의 특성을 말하며 기계성과 대치되는 말이다. 인간의 생명의 고귀함을 되찾기 위해서 영성을 되찾아야 한다. 그리고 자연의 성스러움과 신성을 회복하여야 한다.

| 天 | 人 | 地 | 天地人 三才 |
|---|---|---|---|
| 신(God) | 인간<br>(영혼, 자아, 현존재) | 자연<br>(자연적 존재, 汎神) | 天地人은<br>하나이다.<br>天一一,<br>地一二,<br>人一三/<br>道法自然 |
| 절대신 | 절대정신(Geist) | 존재(being), 사물 그<br>자체 (thing itself) | |
| 절대타자<br>(실체) | 주체(실체) -<br>대상(실체) | 타자(객체실체) -<br>존재(실재) | |
| 신과 영혼과 자연(존재)은 본래 하나이다.<br>그 자체(self)가 존재이다. | | | |

<천지인사상과 서양철학의 융합>

신과 영혼과 자연은 그동안 대립되는 개념(것)으로 그 존재성격을 규정해왔지만 이제 신이 없으면 영혼이 없고, 영혼이 없으면 신이 없게 된다는 사실을 알아야 할 것이다. 또 자연이 없으면 신이 없고, 신이 없으면 자연이 없게 된다는 사실을 알아야 한다. 또 영혼이 없으면 자연이 없고, 자연이 없으면 영혼이 없게 된다는 사실 또한 실감해야 한다.

신(God, gods)이 인류의 등장과 더불어 문제시 되었다면, 그 신은 인류문명의 발전과정에서 다시 한편으로는 인간의 정신(Geist) 혹은 이성(reason)이 되었고, 다른 한편으로는 어떤 것에도 의존하지 않는 독립적인 존재로서 실체(Substance)가 되었다. 전자가 데카르트에 의해 출발하였다면 후자는 스피노자에 의해 출발되었다. 신은 데카르트와 스피노자에 의해 이미 유심론과 유물론이 출발한 것이었는데 그것이 역사적으로 드러난 것은 헤겔과 마르크스에 의해서였다.

데카르트는 코기토("나는 생각한다. 고로 존재한다.")를 통해 '존재'를 '사유존재'로 만들었고, 신존재증명("내가 신을 생각한다. 고로 신은 존재한다.")을 통해 신마저도 사유존재로 만들었다. 가히 유심론의 출발이라고 할만하다. 스피노자는 실체의 속성을 자연에 부여함으로써 자연이 물질(material, matter)이 되는 유물론의 출발이 되기에 충분했다. 스피노자는 신의 속성을 자연에 연장(부여)함으로써 기독교의 '천지창조-종말구원'을 자연의 '능산(能産)-소산(所産)'의 존재로, 즉 스스로 돌아가는 존재로 해석하는 길을 열었다.

그렇다면 유심론과 유물론을 화해시키는 길은 없을까. 이들은 자연(존재)을 서로 다른 관점에서 보는 현상일 뿐이다. 유심론과 유물론은 존재가 아니다. 여기서 존재라는 것은 현상이 아니라는 뜻이다. 현상학적으로 보면 신(절대신)과 인간(영혼)과 자연(존재)은 다른 존재일 수밖에 없다. 그러나 존재론으로 들어가면 이들은 하나가 되지 않을 수 없다. 이들은 독자적으로 존재하지 못한다. 신과 영혼과 자연(사물 그 자체)이 하나임을 새롭게 깨닫게 되는 것을 현대가 요구하는 것은 현대와 미래가 과학기술문명시대이기 때문에 역설적으로 유효한 것이다.

근대의 서구학자들은 원시미개인들을 보고 이들이 물신숭배에 빠져 사는, 미신에 빠져 사는 사람들이라고 생각했다. 그러나 이들은 자연을 신(神) 혹은 신물(神物)로 보며 산 사람들이다. 이들은 자연에 영혼이 있다고 생각했으며, 이들의 생각은 자연 그 자체를, 인간이 죄다 알 수 없는 신비한 존재로 바라보았다는 점에서 오늘날 존재론철학의 본래존재라는 개념과 일치한다.

신과 영혼과 존재 자체는 본래 하나였다. 이러한 것을 인간이 세계를 주체-대상의 이분법으로 강도 높게 바라봄에 따라 존재를 대상으로 이용하는 과학은 발달하였지만 스스로가 속한 자연적 존재의 자리를 잃어버리는 고향(본향)상실, 존재망각의 시대에 직면하게 된 것이다. 이것이 바로 서양이 개척한 근대과학기술시대의 맨얼굴이다.

그러므로 오늘날, 고도과학기술시대에 살면서 인간이 자신의 정체성을 잃지 않으려면 신을 다시 부활시켜야 하며, 혼을 불러와야 하며, 존재 그 자체, 다 알 수 없는 자연에 대해 성스러움과 경외감을 회복해야 한다. 신은 21세기에 들어 인류문명사에서 바라볼 때 다시 부활하여야 하는 원시반본적 의미를 지니고 있다.

## 6. 신(神)과 인간의 화해 그리고 평화

헤겔은 절대정신과 절대국가를 말하면서 '이성의 간지(奸智)'를 말했다. 쉽게 말하면 인간의 이성이 신의 경지에 이르는 지혜를 말한다. 칸트가 '이성의 한계 안에서의 신'을 말하였다면 헤겔은 이것을 넘어서 인간이 신이 되는 경지를 말하기에 이른 것이다. 그렇다고 서양철학이 완전히 신을 배제한 것은 아니다. 근대철학의 아버지라고 할 수 있는 데카르트마저 '신존재증명'을 먼저하고 코기토("나는 생각한다. 고로 존재한다")라는 사유존재를 주장하였다.

"신은 죽었다"라고 말한 니체마저도 신이 없다고는 말하지 않았다. 무신론을 주장한 마르크스도 말(언표)로는 그렇게 말했지만 신과 완전히 결별한 것은 아니라고 해석할 수 있다. 도리어 기독교의 평등사상을 중심으로 기독교를 재해석한, 기독교사회주의자라고 말할 수 있다. 서양철학과 문명은 기독교를 떠나서는 설명할 수 없는 문명이다. 그래서 오늘날 존재론철학은 '신'을 '본래존재'로 해석하면서 신과 자연의 화해를 요청하고 있다. 신과 영혼은 서로 떨어질 수 없는 일란성 쌍둥이와 같다. 신이 없는 영혼, 영혼 없는 신은 무의미하다.

미래의 이상적이고 현실적인 국가는 바로 새로운 형태의 종교국가가 될 가능성이 높다. 물론 미래의 종교적 성격의 국가는 개인의 자유(자유 중에서 신앙의 자유가 가장 우선이다)를 기초로 하는 까닭에 오늘날 시대정신에 따라 중세의 종교국가와는 판이하게 다르겠지만, '국가와 기술의 연합'

대신에 '영성과 자연의 연합'을 중시한다는 점에서 신정(神政)국가라고 명명할 수 있을 것이다.

현대사회에 이르러 국가는 종교의 그릇(몸)과 같고, 종교는 국가의 정신(영혼)과 같다. 이렇게 종교와 국가가 서로 상생할 때 국가도 발전하고 종교도 발전하는 것이다. 인류문명이 제정일치시대에서 제정분리시대로 들어오면서 국가(정치)와 종교(제사)가 갈라진 것 같지만 실은 종교 속에 국가가 있고 국가 속에 종교가 있는 것은 영원불변할 것이다.


## 7. 신통일한국의 이념과 미래상 – 애천·애인·애국/공생·공영·공의

'신통일한국론' 혹은 '남북통일세계평화론'의 개념은 바로 한국과 세계와 인류가 당면하고 있는 문제를 신(神)의 차원, 평화를 사랑하는 세계인, 평화의 어머니의 지평에서 제기한 방안이다. 통일교-가정연합은 그동안 남북통일과 세계평화의 문제에 대해서 항상 주체적이고 선제적인 대응을 해왔다. 그 가운데 가장 최근에 내놓은 현실적이면서 동시에 이상적인 방안이 바로 신통일한국론이다.

서양이 주도한 근대문명은 자유, 평등, 박애를 그 모토로 삼고 있다. 그런데 문제는 자유와 평등과 박애가 서로 모순관계에 있고 충돌하고 있다는 게 문제다. 그래서 오늘날 자유자본주의와 공산사회주의가 첨예하게 대립하고 있다. 인류는 양차 세계대전을 치렀지만 아직도 서로 자신이 옳고(진리), 자신이 정의(도덕)라고 주장하고 있다.

자유와 평등과 박애가 서로 충돌하는 이유는 자유와 평등이 서로 다른 지평에서 다른 목적과 이상을 지니고 있기 때문이다. 자유와 평등은 마치 수학의 무한대(∞)와 같아서 끝이 없는 것을 특징으로 하고 있다. 어디까지가 자유의 끝이고, 평등의 끝인지 알 수 없다. 그래서 수학과 물리의 세계의 무한대의 세계와 닮아있다.

서양근대철학은 이성에서 출발하고 있지만 후기근대철학은 이성보다는 욕망의 편에서 철학을 전개하는 특징을 보이고 있다. 그런데 실은 욕망과 이성은 매우 닮아있다. 어쩌면 신체적 이성이 욕망이고(신체는 큰 뇌이다), 대뇌적 욕망(욕망은 작은 신체)이 이성인지 모른다. 아무튼 현대철학은 욕망이 끝이 없다고 한다. 그러한 욕망에 평행선을 이루고 있는 것이 또한 현대과학이다. 현대과학은 인간의 욕망과 함께 하고 있다. 이러한 상황을 두고 과학이 욕망을 실현해주고 있다고 할 수도 있고, 욕망의 결과가 과학이라고 말할 수도 있다. 바로 과학이 욕망이고, 욕망이 과학이라고 말할 수도 있다.

과학이나 욕망이나 양적(量的)으로 실현하는 세계이다. 그런 점에서 실체를 잡는 것이 과학과 욕망이다. 이것은 존재를 소유해야 존재를 느끼고 생각하는 '소유적 존재'의 실현이며, 동시에 한계라고 할 수 있다. 그런데 과연 소유적 존재로서 진정한 자유와 평등을 실현할 수 있을까. 만약 실현할 수 없다면 비소유적 존재, 무량(無量)의 세계에 도달할 것을 감안하여야 한다. 자유와 평등이 양적인 세계, 소유적 세계로 추구된다면 박애는 그 실현가능성이 없어 보인다.

## 자유평등박애(↔=)애천애인애국(↔=)공생공영공의

그동안 서양주도의 현대문명이 박애를 실현하지 못한 것은 바로 소유적 존재의 태도에서 기인한 데서 찾을 수 있다. 자유는 부패와 방종이 되기 쉽고, 평등은 질투와 분노와 파괴로 흐르기 쉽다. 또 박애는 실천이 따르지 않는 관념이나 위선이 되기 쉽다. 따라서 기독교의 최종목적인 '사랑(愛)=참사랑'에서부터 거꾸로 자유·평등의 실현을 모색하는 방안을 생각할 필요가 있다. 그래서 문선명·한학자 총재에 의해 사랑 애(愛)자를 앞세우는 천지인사상, 즉 애천·애인·애국(愛天愛人愛國)사상이 제창되었던 것이다. 이것은 동서양문명의 창조적 융합이면서, 기독교와 천지인사상의 재창조이다.

자유·평등·박애를 천부경의 천지인사상에 대입하면 자유=천, 평등=지, 박애=인에 해당한다고 볼 수 있다. 본래 자유·평등·박애는 서로 동시에 가역적으로 실현되는 성질의 것이다. 왜냐하면 이들은 순차적으로 실현되는 성질의 것이 아니라 순환적인 관계에 있기 때문이다. 자유·평등·박애는 서로 맞물려 있고, 중첩되어 있으며, 서로 동시에 고려되고 추구되어야 진전을 이룰 수 있는 매우 역동적인 개념이다.

애천·애인·애국사상은 바로 사랑으로부터 자유와 평등을 실현하려는 역발상에서 비롯되었을 것으로 짐작된다. 기독교의 목적인 사랑(愛)을 천지인사상에 대입을 하면 자연스럽게 애천·애인·애국사상이 된다. 여기서 천지인의 지(地)가 국(國)으로 바뀐 것은 그 나라가 결코 지상의 나라에 그치는 것이 아니라 인류가 하나의 마음을 가지는 하나의 나라로 승화되어야 할 것을 전제하고 있음을 반영하고 있다고 여겨진다. 그래서 구체적으로 실천해가는 입장에서 지(地)를 국(國)으로 대체한 것이다.

자유·평등·박애를 역동적으로 바라보기 위해서는 천부경(天符經)의 천지인(天地人)사상과 동양의 도학(道學)의 도법자연(道法自然)의 전통을 원용할 필요가 있다. 동양의 천지인사상과 도학사상은 역동적이고 순환적인 개념이다. 서양과 동양의 문명을 융합하고 통섭하기 위해서는 천부경(天符經)의 천지인(天地人)사상과 서양 기독교와 철학의 자유·평등·박애를 상보적(相補的)인 입장에서 검토할 필요가 있다. 동양의 천지인 사상에 자유·평등·박애를 대입하고, 그것에서 현대문명과 미래의 활로를 찾아볼 수 있다.

서양의 '자유·평등·박애'사상은 '애천·애인·애국'사상으로 승화되어야지만 그것을 실현할 가능성이 높아진다. 서구의 근대문명을 기독교적 관점에서 바라보면 자유자본주의는 '기독교자유주의'라고 말할 수 있고, 공산사회주의는 '기독교사회주의'라고 말할 수 있다. 서양문명은 기본적으로 기독교를 바탕으로 하고 있기 때문에 기독교를 포함하여 사회경제현상을 설명하는 것이 문화를 총체적으로 바라보는 견해에 가까울 것이다.

이렇게 볼 경우 가정연합(통일교)의 공생(共生, co-living), 공영(共榮, co-prosperity), 공의(共義, co-righteousness)사상은 '기독교공생주의'라고 명명해도 큰 무리가 없을 것이다. 이때의 공생주의에는 공영과 공의가 포함되어 있음은 물론이다. 공생주의는 공산주의와는 다르다. 공생주의는 생산수단이나 생산관계를 따지기보다는 결과적으로 공생을 목표로 하는 이념이기 때문이다. 여기에는 공동번영과 공공도덕을 함께 요구하고 있다.

나아가서 애천·애인·애국사상은 공생·공영·공의사상으로 승화될 때 세계인들에게 더 큰 호응을 얻어낼 수 있을 것이다. 사랑과 공생이 동시에 구현되는 것이 바로 공생·공영·공의이다. 공생·공영·공의는 실천적 덕목으로서 애천(愛天)·애인(愛人)·애국(愛國)사상과 가역왕래관계에 있어야만 지속성을 가질 수 있다. 애천·애인·애국사상과 자유·평등·박애사상도 마찬가지로 가역왕래관계에 있어야 지속성을 가질 수 있다.

이렇게 보면 이상적 나라는 〈자유·평등·박애(↔=)애천·애인·애국(↔=)공생·공영·공의〉임을 알 수 있다. 애천·애인·애국을 실천하는 것이 공생·공영·공의의 세계를 이루는 것이다. 이를 역으로 말하면 공생·공영·공의가 실현되지 않으면 애천·애인·애국을 실천하지 못한 것이 된다. 한마음은 바로 공생·공영·공의의 마음이다. 한마음=공생·공영·공의이다. 애천=공생, 애인=공의, 애국=공영을 대입하면 인류가 지향해야 할 목표가 더욱 분명해진다. 한마음에 도달하면 인류가 한겨레임을 알 수 있다. 만약 인류가 한겨레라면 한겨레=한마음=공생·공영·공의가 되는 셈이다.

## 한겨레=한마음=공생공영공의=세계일가=세계일화(世界一花)

인간의 삶이 가부장-국가사회가 된 이후 나라가 없으면 거주할 땅(地)이 없는 것과 마찬가지가 되고, 땅이 없으면 삶이 없는 것과 마찬가지가 된 지 오래이다. 그래서 나라를 가지고 인류애를 실천하는 것을 통해 결국 세계가 하나의 나라인 일국(一國)이 되는 것을 목표로 하게 된다. 이를 통일교-가정연합에서는 천주평화통일국(天一國)이라는 이상세계로 표현한다. 천일국을 달리 표현하면 세계일가(世界一家)라고 말할 수 있을 것이다. 세계일가가 바로 우리민족의 한겨레사상의 통일교-가정연합적 표현이다.

여기서 주목할 것은 애천·애인·애국의 '애국'은 '지상의 나라'(지상천국)에서 '천상의 나라'(천상천국)로 이어진다는 것이다. 통일교-가정연합의 가장 큰 특징 중 하나는 역사적 실천으로서 지상천국이 천상천국의 앞에 전제되고 있는 점이다. 그 이유는 지상천국이 달성되지 않으면 천상천국이 실현될 수 없기 때문이다.

| 自然 | 天地人 | 참父母 | 종교 | 서양근대문명 | 통일교이념 | 통일교철학사상 | 弘益人間弘益自然 |
|---|---|---|---|---|---|---|---|
| 仙道自然=弘益人間-弘益自然) | 天 | 父 | 기독교 | 자유(自由)기독교자본주의 | 愛天(共生) | 참부모/참사랑 | 神法自然 |
| | 人 | 참(眞) | 유교(가정) | 박애(博愛)인(仁) | 愛人(共義) | 統一/頭翼기독교공생주의 | 道法自然 |
| | 地 | 母 | 불교 | 평등(平等)기독교공산주의 | 愛國(共榮) | 천일국(天宙平和統一國) | 佛法自然 |
| *자유평등박애=애천애인애국=공생공영공의=신법자연/도법자연/불법자연 | | | | | | | |

<천지인사상을 통한 동서양문명과 철학의 창조적 융합>

통일(統一)이라는 말은 대체로 현상학적인 차원의 말이다. 말하자면 철학적으로 변증법의 차원에 있다는 말이다. 요컨대 남북한이 통일이라는 개념을 두고 통일을 달성하고자 하면 남북한 중 어느 곳이 주체가 되고 대상이 되며, 설사 주체와 대상을 설정하지 않는다고 하더라도 통합을 실현하고자 할 때는 양자를 넘어서는 지양된 무엇을 요구하게 된다. 이 과정에서는 필연적으로 대립과 주도권쟁탈전에 직면하게 된다.

통일교와 가정연합의 결정적인 차이는 무엇일까. 통일교는 헤겔의 변증법적 차원에서 설명할 신학적 요소들이 많다. 통일교는 헤겔적 차원이다. 통일교는 근대적(가부장-남성-권력중심)이다. 우선 세계기독교통일신령협회(통일교)라는 명칭이 그렇고, 절대신앙, 절대사랑, 절대복종도 헤겔의 절대정신과 통한다. 천주천일국도 헤겔의 절대국가를 하늘(마음)에서 실현하는 것에 해당된다.

이에 비해 가정연합은 매우 후기근대적(여성-평화-비권력중심)이고, 미래지향적이다. 우선 세계평화통일가정연합(공생, 공영, 공의)이라는 명칭이 그렇다. 초종교초국가를 지향함에 따른 후속조치로 고등종교의 해체를 선언한 바 있다. 국가중심에서 세계중심으로 중심이동을 하고 있는 것이다. 그 증거가 유엔기구로의 교회기구와 조직의 개편이다. 천주평화연합(UPF)과 아벨유엔(종교유엔)이다.

한마디로 통일교는 현상학적인 차원의 명칭이고, 가정연합은 존재론적인 차원으로 승화된 명칭이다. 통일교가 현상학적인 차원이었던 이유는 역사적으로 남북통일을 실현해야 했던, 당위(목적)에 치중해야할 시대적 소명이 있었기 때문이다. 한편 가정연합이 존재론적 차원으로 승화된 이유는 통일에 이어 세계평화를 달성해야할 시대적 소명이 있기 때문이다. 가정연합이 여성-가정-평화를 시대적 중심과제로 삼는 것은 이를 증명하고 있다.

변증법도 정반합에서 새로운 합을 도출하려면 기존의 이분법에서 어떤 틈새를 통해 존재(본질)의 밑바닥으로 내려가서 종래에 간과한 이분법의 정(正)을 찾아내어 현상화 할 줄 알아야 한다. 그 결과로서 개념화 한 것이 새로운 시대정신인 여성-가정-평화이다.

| 통일교(현상학적 차원) | 가정연합(존재론적 차원) | |
|---|---|---|
| 근대적<br>(가부장-남성-국가중심) | 후기근대적<br>(여성-가정-평화중심) | |
| 세계기독교통일신령협회<br>(통일적 차원) | 초종교초국가<br>(해체적 차원) | 고등종교의 해체선언 |
| 절대신앙, 절대사랑,<br>절대복종(절대정신) | 세계평화통일가정연합<br>(공생, 공영, 공의) | 기독교공생주의 |
| 천주천일국(절대국가) | 천주평화연합(UPF) | 영성과 유엔 차원 |
| 계시종교에서 이성(국가)<br>종교로(나-너-우리) | 아벨유엔(종교유엔)<br>(평화유엔) | 역사·사회적<br>실천중시 |

<통일교-현상학/가정연합-존재론>

## 8. 하나님주의(두익사상)를 주창할 때가 왔습니다

통일교는 처음엔 종교통일과 남북통일을 최우선과제로 삼았다. 이것이 1994년 가정연합으로 되면서 평화가 가장 큰 주제로 떠올랐다. 말하자면 통일교-가정연합의 가장 큰 목표는 평화가 되었다. 자유·평등·박애-애천·애인·애국-공생·공영·공의는 최종목적을 평화에 두고 있는 것이다. 따라서 평화에 도달하지 못하면 그 이전의 이념들은 모두 완성에 도달하지 못한 것이 되고 만다.

가정연합 이후 모든 명칭 앞에는 '평화-'라는 접두어가 붙게 되었다. '세계평화', '천주평화'는 그 좋은 예이다. 가정연합의 풀 네임은 세계평화통일가정연합이다. 그리고 통일교-가정연합운동은 유엔의 안목과 차원으로 격상되면서 '천주평화연합', '세계평화여성연합'을 유엔 비정부기구로 발족하게 되었다. 통일과 평화운동이 유엔의 차원에서 전개된다는 것은 바로 동서이념대립으로 갈등과 반목, 패권경쟁을 일삼는 지구촌 인류에게 경종을 울려주겠다는 뜻으로 보인다.

통일과 평화와 더불어 '두익(頭翼)사상'이라는 새로운 개념이 등장하게 된 것은 유엔과 세계적 안목에서 교회운동을 풀어가겠다는 선언으로 보인다. '두익사상'은 새로운 이념의 길을 여는 것이다. 날개(翼)는 대립할 수 없다. 새는 두 날개가 없으면 날 수 없다. 두익이라는 관점에서 중요한 점은 두 날개, 양진영의 차원(대립의 차원)에 머무는 것이 아닌, 전혀 다른 차원이 전개될 때에 진정한 평화와 통일이 실현될 수 있음을 의미한다.

두익사상은 기독교-서양철학에서 출발한 통일교-가정연합이 동양의 도덕과 도학으로의 코페르니쿠스적 선회를 의미하는 것이다. 만약 두 날개가 서로 자기 때문에 난다고 주장하고 갈등하게 되면 결코 비행을 계속할 수 없을 뿐만 아니라 언젠가는 추락을 면할 수 없게 된다. 날개의 평형은 대립이 아니라 상보(相補)이다. 두익사상은 서양의 이분법에서 동양의 이중성, 즉 음양상보로 전환하는 것을 의미한다. 두익이라는 말은 음양대립(陰陽對立)이 아닌, 전통적인 동양의 음양상보(陰陽相補)에 맞닿아있는 말이다.

동양의 음양사상은 중층적이고 다원적이다. 음양사상은 자연과 우주에 적용되지 않는 곳이 없는 비결정론적인 혹은 중복결정론적인, 매우 상징적인 개념이다. 말하자면 인과적·선형적·직선적 결정론의 세계관이 아닌, 상대적·순환적·다선적 관계론의 세계관이다. 현대의 자연과학의 세계관과는 다른 세계관이다.

요컨대 천지부모(天地父母)의 세계관을 적용하면 설명하지 못할 곳이 없다. 우리 가정에 아버지·어머니가 있고, 아들딸이 있기 때문에 가정과 인류가 존속되는 이치가 우리의 남북통일에도 적용되는 것을 알 수 있다. 남녀의 사랑이 있기 때문에 결혼을 통해 가정과 인류가 존속되는 것도 같은 이치이다. '두익'이라는 말은 현상학적인 차원이 아닌 존재론적인 차원임을 알 수 있다.

현상학적인 차원의 애천·애인·애국, 공생·공영·공의의 사상을 역사적으로 실현하기 위해서는 '존재론적인 삶의 태도'를 가져야 한다. 여기서 존재론적인 태도라는 것은 이기주의, 사리사욕에 매몰된 마음이 아니라 자연과 더불어 살아가는 태도를 회복할 필요가 있다는 말이다. 자연과 남(타자)을 이용의 대상으로만 바라보는 태도를 가지고서는 애천·애인·애국과 공생·공영·공의의 가치를 달성할 수 없다. 여기에서 홍익인간(弘益人間)을 넘어선 홍익자연(弘益自然)의 마음을 가져야 함을 확인할 수 있다.

홍익자연의 마음을 가져야 '진정한 하느님(천일국진성덕황제)'에 이를 수 있다. 기독교사상으로 말하면 천지만물은 하느님의 창조에 의해 만들어졌기 때문에 인간뿐만 아니라 만물이 모두 하느님의 품안에 있는 자식(피조물)이 된다. 기독교사상이 아니더라도 천지만물이 '하나(oneness)'라는 사상에 도달할 수 있다. 알(생명)에서 태어난 '나(작은 나=아트만)'가 '하나(큰 나=브라만)'로 되는 것이 삶의 목적이다. 자연이야말로 천지의 시종(始

終)이며 동시에 무시종(無始終)이다.

인류문명은 그동안 유·불·선·기독교·이슬람교라는 5대 고등종교를 탄생시켰다. 인류문명은 각 문화권별로 성현(聖賢)을 탄생시킴으로써 각 문화권 내에서 자기조절과 균형과 중도를 이끌어왔다. 이제 지구촌이 된 인류문명은 각 종교별 도그마적 성격과 폐쇄성을 벗어나기 위한 노력으로서 고등종교를 해체하지 않으면 안 될 위기에 처하게 되었다. 이러한 점에서 초종교·초교파운동은 삶의 보다 근본적인 토대를 기초로 실천되어야 할 과제가 되었다. 초종교운동은 신법자연(神法自然), 불법자연(佛法自然), 도법자연(道法自然), 선도자연(仙道自然)의 마음을 인류에게 요구하고 있다.

특히 기독교의 신(神)은 오늘날 자연으로 돌아가지 않으면 안 된다. 신=자연이 되지 않으면 신=자연과학이 되고, 이렇게 되면 신은 과학에 의해 없어지지 않으면 안 되는, 자연의 운동(운행)에 아무런 영향을 미치지 못하는 무력(無力)한 신이 되고 만다. 이것이 오늘날 유럽을 지배하는 무신론이고, 바로 허무주의(虛無主義)로 직결된다. 이러한 허무주의는 극복되지 않으면 안 되는 데카당스가 되고 만다. 따라서 허무주의는 삶에 대한 긍정적인 자세, 운명애(運命愛, Amor Fati)를 통해 극복되지 않으면 안 되는 것이 되어버렸다.

서양의 허무주의와 동양의 허(虛)와 무(無)는 전혀 다른 내용이다. 서양의 허무주의는 실체론(고정불변의 존재가 있음: 自性論)에 기초한 것인데 반면 동양의 허와 무는 비실체론(고정불변의 존재가 없음: 無自性論)을 기초로 하는 공(空)사상을 깔고 있기 때문이다. 공사상에 이르면 도리어 허무할 것도 없다. 불교가 부정적·수동적 허무주의가 아닌 까닭은 여기에 있다.

오늘날 지구촌평화를 위한 초종교운동은 자연회귀를 지향하는 것과 더불어 사회적으로는 함께 잘 살아가는 공생·공영·공의 운동과 궤를 같이 하지 않으면 안 된다. 공생·공영·공의는 무엇보다도 자유-공산 진영의 대립을 넘어서는 이념이라는 점에서 앞으로 심화작업과 함께 대중화작업을 병행해야할 필요가 있다. 여기서 '함께' 공(共)은 '공적인(public)' 더 나아가 공(公)의 의미를 전제해야 내실을 기할 수 있고, 결국 '빌' 공(空)의 의미를 근본적으로 깔고 있어야 존재론적으로 실현될 수 있는 가치이다.

서구의 공리주의(功利主義)는 '최대다수의 최대행복'의 한계로, 공산주의(共産主義)는 '빈곤의 평준화'로 인해서 공생·공영·공의를 달성하기에는 역부족이다. 그래서 공생·공영·공의가 역사적으로 실현되려면 인간 각자가 불교의 공(空)의 깨달음에 도달하여야 한다. 다시 말하면 기독교·불교·유교의 사상이 동시에 녹아 스며들어 실현가능한 것이다.

공생·공영·공의에 대해 잘 알 수 없다면, 하느님과 부모의 마음을 대입해보면 효과적일 것이다. 우리가 하느님을 잘 알 수 없어도 부모의 마음을 곰곰이 생각한다면 하느님의 마음을 짐작해 볼 수 있다. "열 손가락을 깨물어도 안 아픈 손가락이 없다."라는 우리 속담이 있다. 이것은 부모의 마음을 두고 하는 말이다. 인류의 통일과 평화도 부모의 마음에 이르러야 달성될 수 있음을 알 수 있다.

부모의 마음은 형제의 마음과는 차원이 다르다. 형제의 마음은 이미 갈라지는 마음이다. 그래서 부모, 참부모의 마음을 찾지 않으면 안 된다. 형제의 마음은 서로 경쟁하고 질투함으로써 현상학적인 단계를 벗어날 수 없다. 다시 말하면 현실적으로, 역사적으로 형제의 마음으로 살고 있기는 하지만 부모의 마음에 닿을 수 있어야 인류의 평화가 실현될 수 있음을 알 수 있다. 지금까지를 종합하면 부모(참부모)의 마음에 도달하여야 통일과 평화가 이루어질 수 있음을 깨닫게 된다.

참사랑을 중심하고 애천·애인·애국을 실천하며 공생·공영·공의를 역사적으로 실현함으로써 인류사회의 마지막 목표인 세계평화에 도달하는 것이 하나님주의(두익사상)의 최종목표이다. 하늘과 땅과 인간은 이제 하나가 되어야 한다. 한국인의 오랜 전통사상인 천부경(天符經)의 천지인사상을 중심으로 인류의 유불선기독교사상과 융합하면 〈天(神)=地(自然)=人(人間)=하나=하나님〉이 된다. 이것을 하나의 개념으로 정립한 것이 바로 '하나님주의(Godism)=One Family under God'이다.

| 天地人 = 하나 =하나 님 =하나 님주의 (Godism) | 天地人 | 참 父母 | 종교 | 서양 근대문명 | 통일교 이념 | 공(公)의 공생공영 공의 | 공(空)의 공생공영 공의 | 평화 |
|---|---|---|---|---|---|---|---|---|
| | 天 (神) | 父 | 기독교 | 자유 자유자본 주의 | 愛天 (共生) | 공생 (公生) | 공생 (空生) | 평화 의 실 현 |
| | 人 (人間) | 참(眞) 사람 | 유교 (가정) | 박애 =참사랑(仁) | 愛人 (共義) | 공의 (公義) | 공의 (空義) | |
| | 地 (自然) | 母 | 불교 | 평등 공산사회 주의 | 愛國 (共榮) | 공영 (公榮) | 공영 (空榮) | |
| | 인류는 세계일가(世界一家)로서 '하늘부모님 아래 한 가족(One Family under God=Godism)'을 실현해야 한다 | | | | | | | |

<하나님주의(Godism)의 다원다층의 의미>

남한에서 자생한 사상 가운데 북한의 주체사상과 유일하게 대결할 수 있는 것은 물론이고, 세계사상으로서의 반열에 오른 것은 문선명 선생의 '하나님주의'(Godism: One Family under God)가 있지만, 이 사상은 국내에서는 통일교-가정연합의 울타리를 좀체 벗어나지 못하고 있다. '하나님주의'는 통일-평화사상 등으로 발전한 내용을 갖고 있지만, 특정 종파의 사상, 혹은 이단종파의 사상이라고 해서 도리어 백안시당하고 있다.

## 영성(靈性)국가와 홍익자연(弘益自然)사상

하나님주의는 특히 남북분단의 원인이 되었던 공산사회주의와 자유자본주의, 즉 좌우익을 아우른 '두익(頭翼)사상'으로 현실적인 발전과 실천적 대안을 내놓았지만, 대중적 철학이 되지 못하고 있다. 김일성주체사상과 유일하게 대결할 수 있었던 하나님주의-두익통일-평화사상은 아직도 보수기독교 신자들과 대중으로부터 먼 거리에 있는 실정이다.

하나님주의의 연장선상에서 나온 '신통일한국론'은 앞에서 밝힌 대로 남북통일과 인류평화의 문제와 관련되어 얽혀있는 복합적 문제를 다원다층의 차원에서 분석하고 그 해결점을 모색했다는 점에서 주목된다. 이상의 신통일한국론을 홍익인간(弘益人間)이라는 전통의 연장선상에서 말하면 '홍익자연(弘益自然)으로의 길'이라고 말할 수 있다. 인간과 신과 자연을 함께 전체적으로 걱정하고 있기 때문이다.


## 9. 그야말로 '대한민국'이 되는 길

'신통일한국론' 혹은 '남북통일세계평화론'의 길을 완성하는 것이야말로 구한말 열강의 침략 속에서도 우리조상들이 꿈꾸었던 글자그대로 '대한민국(大韓民國)'을 실현하는 길이다. '큰 한(하나) 나라, 국민의 나라'를 역사적으로 손에 잡는 쾌거이다. 그렇게 되면 질곡에서 신음했던 구한말의 역사를 딛고 넘어서는 일이 될 것이다.

홍익인간에서 홍익자연으로 가는 길은 실은 신과 인간과 자연을 모두 하나로 아우르는 사유의 길이다. 본래 신과 인간(정신), 신과 자연(존재), 인간과 자연은 하나였다. 본래 하나였던 것을 천지인으로 나누어 본 것이다. 이제 그 나누어진 것을 다시 하나로 통합하는 셈이다.

'한'의 상징성을 가진 한민족은 '한'에서 완성되는 것이다. '한'자는 '하나님'을 상징하고, '하나', '크다', '전체'의 의미를 품고 있다. 부연하면 '한'은 예로부터 '하나(one)', '많다(many)', '같다(same)', '중간(middle)', '한(韓)', '한(恨)', '한(漢)', '칸(khan)'의 의미가 중첩되어 있다. 결론적으로 '한'은 하나, 크다, 전체, 하나님! 만물! 을 포용하고 있는 말이다.

신통일한국론은 결론적으로 대한민국과 인류의 미래를 여는 길을 여는 사상이다. 신통일한국론은 국가적으로는 남북통일국가를 이루는 사상이지만 개인적·국민적으로는 '대한국인(大韓國人)의 품성'을 갖추는 사상이다.

고도의 과학기술문명의 압도 아래 놓여있는 현대문명에서 추상의 신은 이제 '기계의 신'이 되어버렸다. 이에 인류는 구체의 신으로서 대안을 마련하지 않으면 안 되는 처지가 되었다. 구체의 신은 바로 부모이며, 부모를 섬기는 마음을 효(孝)라고 할 수 있다면 효는 신과의 창조적 융합을 필요로 한다. 효라는 개념은 자식이 부모를 섬기는 것일 뿐 아니라 부모가 자식을 섬기는(사랑하는) 마음이 전제되어야 하는 매우 상호적이고 심정적이고 여성적인 특성을 가지고 있다.

그렇다면 대한국인이 되는 길은 무엇일까. 아주 간단하게 말하면 '효충

(孝忠)의 인간'이 되는 것이다. 효(孝, 孝道)는 물론 집에서 부모에게 효도하는 것이지만, 그 속에는 인간으로서 갖추어야 할 본성, 본래의 품성을 되찾는 길이 들어있다. 효는 하늘에 효도하는 것을 비롯해서 모든 일에 최선을 다하는 '정성(精誠, 情性)의 인간'되는 것을 의미한다. 효는 안으로 마음의 중심(心中)을 잡는 것이다. 효는 결국 인간(人)의 안에 천지(天地)가 함께 역동하고 있는 인중천지일(人中天地一)의 인간이 되는 것을 의미한다. 효는 가정적 인간의 가장 큰 근본적인 덕목이다.

충(忠, 忠誠)은 물론 나라에 충성하는 것이지만, 사회에서 각자가 맡은 일을 처리함에 있어 각종 국가사회제도 속에서 최선을 다하는 '충절(忠節)의 인간'이 될 것이 포함되어 있다. 국가사회의 일은 매사에 충성과 절도가 있어야 한다. 충은 밖으로 마음의 중심(忠心)을 잡는 것이다. 충은 결국 천지 사이에서 살아가는 인간 '천지중인간(天地中人間)'을 의미한다. 충은 사회적 인간의 가장 큰 덕목이다.

'효충의 인간'은 안팎으로 마음의 심중과 중심을 잡고 살아가는 인간을 말한다. 효충의 인간이 되면 성인되고 성자도 되고, 독생자도 되고, 독생녀도 되고, 신에 가장 가까이 갈 수 있는 전인적 인간이 되는 길을 열게 된다.

한민족에게는 우리만이 쓰는 '하나님 신(�󠄀祖(할아버지 조·귀신 신)/神)'이라는 글자가 있다. 모두 '아니 불(不)'자가 들어간다. 이때의 '불(不)'자는 오직(only), 절대(absolute), 불(火, 日)의 의미가 들어있다. '神(신)과 神(신)'은 다르다. '神(신)'은 아버지 신이고, '낮의 태양신'을 의미하는 반면 '神(신)'은 어머니 신이고, '밤의 북두칠성 신'을 의미한다. 그래서 '祖

(조)'는 '할아버지(조·신)'이다. 이것이 나중에 '祖(조)'와 '神(신)'으로 모두 '볼 시(示)'변으로 통일되었다. 신(申)과 불(不)과 신(神)은 서로 통한다. 조상과 신은 같은 의미로 사용되었다.

'효충의 완성'은 결론적으로 조상과 하나님을 되찾는, 본래품성, 본래존재, 본래자연을 되찾는 길을 의미한다. 여기에 '하나님주의(Godism)' '신(神)통일한국'의 연속성과 실천성이 내재하고 있다. 국민 각자가 '대한국인'이 되어야 '대한민국'이 완성되는 것이다.

결론적으로 신통일한국론은 대한민국과 인류의 미래를 개척하는 담론이자 실천이다. 신통일한국론은 국가적으로는 남북통일국가를 이루는 사상이지만 개인적·국민적으로는 '대한국인(大韓國人)의 품성'을 갖추는 사상이다.

신통일한국론이 내포하고 있는 다원다층의 의미를 종합적으로 축약하면 '신통일한국(여성)세계평화론(神統一韓國女性世界平和論)'이라고 할 수 있다. 여기서 여성이 중앙에 있는 것은 여성성의 가치를 높이 사지 않으면 남북통일과 세계평화를 달성할 수 없다는 의미가 된다. 이에 신(神)마저도 여성성의 신, 하나님 어머니의 가치를 높이지 않으면 결코 평화를 이룩할 수 없다. 그렇다고 하나님 아버지의 가치를 평가절하하지는 예기는 아니다.

미래는 후천개벽의 시대이다. 후천개벽의 시대는 역학적으로 '지천(地/天)의 시대'이다. 지천시대의 의미는 여성성이 세계를 이끌어간다는 뜻이다. 이것은 여성이 세계를 이끌어간다는 뜻이 아니라 여성성이 발휘되어서 세계가 평화로워진다는 뜻이다. 가부장-국가사회를 통해 인류문명을 이룬 인간은 아직도 패권경쟁에 몰두하고 있다. 여기에는 문명의 대역전이 일어나지 않으면 '인류멸망의 어둠(저주)'이 닥칠 수도 있음을 경고하는 예언적 메시지가 들어있다. 이상을 총정리하면 다음과 같다.

〈하나님주의(Godism)=두익통일(頭翼統一)사상=神통일한국론='신통일한국(여성)세계평화론(神統一韓國女性世界平和論)'〉

하나님주의는 '한민족의 하나님'을 되찾는 길이다. 인류문명사를 볼 때, 근대에 일본문명은 옛 샤머니즘을 신도이즘으로 새롭게 변신시킴으로써 민족종교와 국가의 근대화를 완성시켰고, 유럽문명은 기독교 유일신주의를 받아들임으로서 기독교문명세계를 이루었다. 이들은 나름대로 시대적 소명을 다하였다고 할 수 있다. 기독교사상을 출발로 자생기독교를 일으킨 통일교(세계기독교통일신령협회)-가정연합(하늘부모님성회)은 오늘날 유불선기독교이슬람교를 통합하는 초종교·초국가운동과 함께 남북통일과 세계평화를 지향하고 있다.

하나님주의는 한민족이 세계에 내놓은 세계구원의 한 방식으로서 통일교-가정연합의 최종목표라고 할 수 있다. 흔히 고등종교들은 자신의 종교는 진실한 종교, 정의의 종교, 합리적인 종교라고 생각하면서도 다른 종교는 쉽게 미신으로 매도하거나 평가절하 해왔다. 현재 지구촌의 분쟁과 전쟁 중의 큰 것은 모두 종교에서 비롯되었다고 해도 과언이 아니다. 그런 점에서 지구촌에 산재한 고등종교들은 반성과 개혁을 통해 초종교·초국가를 지향하고, 인류가 하나라는 의식, 인류가 하나의 가족이라는 의식수준에 도달해야 세계평화가 달성될 수 있을 것이다.

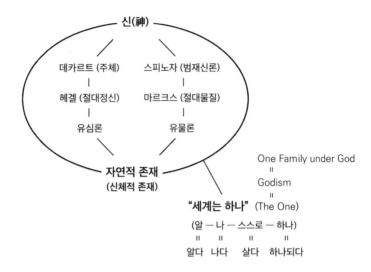

[신, 인간, 자연의 상호관계]

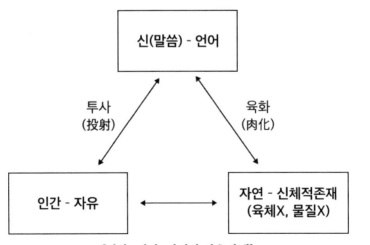

[인간, 언어, 자연의 상호관계]

# 활생(活生)으로서의 신통일한국운동

# 1

## 두익통일운동
### - 신통일한국을 위한 새 가치관 운동

　앞에서도 언급하였지만 우리가 신통일한국시대를 준비하는 데 있어 가장 시급하고 중요한 것은 바로 남남갈등을 극복하는 것은 물론 남북한 주민들의 사상적, 가치관적 화해와 통합의 문제이다. 이를 해결하기 위해 우리는 신통일한국을 위한 새 가치관 운동을 전개해야 한다. 우선 오늘을 살고 있는 우리들의 삶의 정황을 생각해보자.

　최근 우리사회는 온통 코로나 19 사태로 새롭게 변화된 양상을 겪고 있다. 코로나 사태로 우리의 일상 전체가 바뀌어야만 하고 그에 따른 불편함이나 어려움도 함께 극복해내야 하는 시절이다. 좀더 구체적으로 우리의 일상의 소식들을 얘기해 보자. 오늘도 우리는 뉴스를 통해 듣고 있다. 코로나 19로 인한 수많은 자영업자 등의 고통과 각 기업들의 위기뿐만 아니라 한국사회가 안고 있는 고령화·저출생, 청년실업, 최저임금, 북핵 위기 등 우리 주위의 이웃, 사회, 자연환경 등 어느 한 분야 편안한 곳이 없다. 외적으로는 화려한 디지털문명과 4차 산업혁명을 이야기하지만 그 이면에 도사린 부정적 문명의 병들이 우리 현실을 우울하게 만들고 있다. 모든 관계는 단절되고 효율과 이용의 가치로만 상대를 보는 가치관이 팽배해졌다. 이제 우리는 우리 자신과 우리 가정 그리고 지역사회와 더 나아가 통일한국시대를 위해 근본적인 물음을 다시 던져야 하는 '오늘'을 살고 있다.

그런데 이러한 오늘의 위기는 한국만의 문제가 아니라 인류 전체의 문제이며 그 밑바탕에는 인간 중심, 권력 중심 좀더 생활적인 관점에서 보면 남성 중심의 폭력이 도사리고 있다. 인류의 역사를 돌이켜보면, 역사는 오랫동안 인간 중심 특히 남성 주도 하에서 이어져 내려왔다. 대부분의 남성들은 인간의 문화를 자신들에게 유리한 권력의 형태로 변형시키면서 여성을 소외시키고 역사를 이끌어왔다. 남성은 역사의 주인이 되고, 여성은 대체로 피동적으로 움직여왔다. 남성중심사회는 기본적으로 권력사회였고, 그 바탕에는 최종적 힘겨루기로서 전쟁이 깔려 있었던 것이다. 이것이 바로 남성 중심의 '권력-전쟁 패러다임'의 역사였던 것이다.

그러나 이제 지구촌시대, 다원화시대를 맞이한 인류는 더 이상 '권력-전쟁 패러다임'으로 문명을 지속할 수 없는 종착점에 왔다. 78억 인류의 공생(共生)과 공영(共榮)을 위해서 이제 인류는 모든 면에서 여성성의 의미와 가치를 재발견하는, 그래서 삶의 양식을 '사랑-평화 패러다임'으로 전환하지 않으면 안 되는 상황에 처하게 되었다.

따라서 새로운 하나님 담론, 인간 담론, 기후환경 담론을 절실하게 요청하고 있다. 그렇다면 우리는 이제 응답해야 할 것이다. 응답하는 삶이 책임지는 삶이며, 주인의 자세라고 생각하기 때문이다. 통일한국시대의 주인, 평화세계의 주인은 책임지는 자세와 가치관을 제시하고 실천해야 할 것이다. 그 책임지는 자세와 실천의 밑바탕에는 새로운 여성성, 모성성의 발견, 그리고 위하여 살고자 하는 삶의 철학 혹은 행정 시스템이 아니고서는 인간을 포함한 생태계 전체가 공멸할 수 있다는 심각한 분위기를 우리는 감지하고 있다. 이제 우리는 '힘에의 의지(니체, Will to Power)'가 아닌 '심정에의 의지(문선명·한학자 총재, Will to Shim-Jung)', 동일성의 철학(서양철학)이 발견한 기계신과 기계인간의 삶이 아닌 차이의 철학(통일사상)이 제시한 심정의 하나님과 심정적 존재로서의 인간에 주목해야 할 때를 맞이하고 있다.

## 1) 하나님주의(Godism)로 본 신(神)통일한국

신(神)에 대한 발견이랄까, 깨달음은 인류문명의 가장 오래된 큰 업적이면서 동시에 천지창조론의 시작 혹은 인류 진화의 '도약(跳躍)'이라고 하지 않을 수 없다. 신의 존재 유무는 인간이 현상학적으로 증명할 수 없는, 논의 자체가 이율배반에 속하지만 신의 존재가정과 지혜는 인류에게 크나큰 문명의 전환을 이루는 원동력이 되었다.

인간은 신을 통해서 자신의 생물종으로서의 입지(만물의 영장)를 굳혔고, 오늘과 같은 찬란한 문명을 개척하는 견인을 이루었다. 만약 신이 가정되지 않았다면 종교와 예술, 심지어 과학까지도 빛을 보지 못했을 것이다. 철학의 이데아나 종교의 신이나 과학의 이성은 모두 동일성(실체)을 추구하는 서로 다른 종류로 판명되었기 때문이다.

변화무쌍한 자연의 세계에서 고정불변의 절대성을 가정하지 않았다면 인간은 다른 생물종과 별반 다르지 않았을 게 분명하다. 말하자면 종의 번식만을 추구하고 생멸하면서 오늘에 이르렀을 것이다. 신의 존재를 인정함으로써 인류가 얻는 안심입명과 행복과 평화의 일상적 실현, 운명에의 도전과 승리와 업적은 지울 수 없는 것이 되기에 이르렀다.

신은 지금도 존재가정과 함께 인간의 대화의 실존적 상대로서, 세계에 대한 의문에서 자문자답을 이끌어내는 신비와 함께 인간을 만물의 영장이 되게 한 것은 분명하다. 그래서 인간은 신을 믿고 그러한 믿음을 통해 자신의 정체성을 확인하고, 삶의 목표를 세우고 나날이 발전하고 있는지도 모른다.

그렇지만 과학기술만능으로 인간이 신의 지위에 오르려고 하고 있는 게 오늘날 현실이다. 이러한 때에 우리는 다시 신(神)에 대한 생각을 가다듬을 때가 되었다. 아마도 이러한 시대적 요구가 '신(神)통일한국' 담론을 말하게 되는 필연과 당위를 제공하였을 것이다. 특히 남북분단 상태에서 민족의 통일을 지향하고 있는 한민족의 입장에서 신(하나님)에 대한 부름과 기도와 호소는 그 어느 때보다 활발히 전개되어야 할 것으로 보인다.

인간의 힘이 막대해진 오늘날, 신의 자리에 인간신(人間神)이 대체되고, 인간의 오만은 하늘을 찌르고 있다. 신은 도리어 '약자나 불쌍한 자의 편'에 있어야 할 것으로 재고되는 것이 오늘의 천명(天命)인지도 모른다. 인간의 힘이 미력했을 때는 신은 인간에게 힘을 실어주는 역할을 했지만, 인간의 힘이 넘칠 때에는 그것을 자제하도록 할 필요가 있는 것이다. 이에 우리는 진정한 심정(心情)의 신을 다시 찾아야하는 사명을 느끼게 된다.

자연의 사물에 대한 인간의 입장은 인간에 대한 신의 입장에 견줄 수 있다. 말하자면 신은 인간의 주체이지만 인간은 또한 사물의 주체로서 일종의 특권을 부여받았다고 할 수 있다. 그렇다고 자연을 이용하는 특권을 부여받은 인간이 본질적으로 자연의 사물들과 분리된 것은 아니다. 만물은 인간과 동등한 존재로서의 위치(가치)를 점하고 있다. 이러한 본래존재로서의 공통성에 눈을 떠야 과학기술문명과 국가패권주의의 폭력으로부터 인류를 보존할 수 있게 될 것이다.

천지창조주로서 혹은 전지전능, 무소부재의 신으로서 군림하던 절대유일신은 이제 새로운 의미를 부여받지 않을 수 없다. '신(神)통일한국'은 만물의 영장으로서 군림하는 인간신이 아니라 만물과 더불어 공생·공존하는, 혹은 공동 번영하는 존재로서의 의미를 새롭게 깨닫게 하고 있다. 이에 더하여 우리는 새로운 시대적 윤리로서 공의(公義)를 실천하여야 하는 사명을 느끼게 된다.

신한국통일의 '신(神)'은 그러한 점에서 자연의 본래의 타고난 신의 의미를 깨닫는 '신인간(神人間)으로서의 위치'를 새롭게 조명하는 것이 되지 않으면 안 될 것이다. 이때의 '신인간'의 신은 물신(物神)이 아니라 신물(神物)이다. '신물'의 의미는 만물의 평등과 평화와 통일과 조화를 꾀하는 만물만신의 의미를 지니고 있다. 말하자면 세계에서 군림하는 종래의 절대폭력적인 신이 아니라 공동존재로서 더불어 존재하는 '평등과 평화의 신'으로서 정립되어야 할 것이다.

이러한 평등과 평화의 신은 '여성성의 신'과 깊은 관련이 있을 수밖에 없다. 이는 '권력의 신'이 아니라 '비권력의 신'으로서 국가나 제국보다는 가정을 중심으로 인류사회의 중심을 옮겨가는 것으로 수행되지 않으면 안 될 것이다. '남성성의 신'은, 즉 가부장-국가사회의 신으로서 전쟁과 제국을 통해 길러졌다. 그러나 여성성의 신은 '지구촌(지구마을)공동체'의 부활과 함께 활발한 교통과 소통과 교감을 통해 실현될 것이다.

## 2) 문선명·한학자 총재의 유엔(UN)섭리와 신(神)통일한국시대

세계는 지금도 미·중(美中)패권경쟁의 시대를 보여주고 있다. 항상 제국은 있어왔고, 그러한 세계경영은 앞으로도 쉽게 바뀌지 않을 것 같다. 그러한 점에서 인류의 획기적인 평화는 종래와는 다른 세계정부 혹은 세계기구, 혹은 유엔 기구를 통해 달성될 수밖에 없다고 본다. 유엔에 속한 크고 작은 국가는 서로 존중하여야 하며, "작은 나라가 큰 나라를 섬기고 큰 나라도 작은 나라를 섬기는(以小事大, 以大事小)" 상호가역적 태도가 절실하다.

더욱이 신(神)통일한국은 평화를 추구하는 각종 종교들의 종교유엔을 결성함으로써 획기적인 진전을 이룰 가능성이 높다. 이제 신은 전쟁에 봉사하는, 혹은 패권경쟁에 동원되는 것이 아니라, 평화에 기여하는 각종 문화예술 및 체육활동과 자원봉사, 서비스 활동으로 보완·전개되지 않으면 안될 것이다.

남북대치상황에서 어떤 나라보다 전쟁의 위험 속에 있는 한국은 세계적인 평화분위기조성과 이에 대한 종교단체들의 적극적인 활동에 대한 기대가 크다. 종교야말로 인류의 윤리를 그동안 책임져왔으며, 앞으로도 계속 그러할 것이다. 아울러 평화운동은 유엔과 국가 간의 유대와 소통을 통해서 추진되어야 그 실효를 거둘 수 있을 것으로 생각된다.

'신(神)통일한국'은 구체적으로는 유엔으로부터 올 가능성이 크다고 본다. 다른 어떤 제도나 기구, 지역단체나 국가로부터 올 수는 없을 것 같다. 유엔이야말로 작은 나라와 큰 나라인 제국이 함께 함으로써 자신의 권력의지를 노골적으로 드러낼 수 없는 곳일 뿐만 아니라 적어도 명분상으로도 작은 나라와 여성들과 어린이들의 눈치를 볼 수밖에 없는 기관이기 때문이다. 말하자면 폭력적인 남성성과 권력의 발로를 형식적으로나마 견제하지 않으면 안 되는 기관이 유엔이기 때문이다. 유엔은 남성-가부장국가사회의 속성을 여성-지구촌사회로 전환할 수 있는 역전의 장소이다.

요컨대 북한의 핵과 미사일개발을 평화적으로 제어할 수 있는 지구적인 기관이 유엔이며 유엔의 이름으로 하는 제재가 아니면 중국이나 러시아 등

기타 강대국으로부터 북한에 대한 정치경제적 제재를 실현할 명분을 얻을 수 없다. 이런 선례에 따라 신(神)통일한국도 막연한 신통일한국이 아니라 실질적이고 가시적인 성과를 거두려면 유엔의 이름을 빌리는 것이 첩경이다.

이제 가장 보편적인 '평화의 하느님'의 대행기관은 유엔이 되어야한다. 우리가 평화유엔, 아벨유엔을 주장하는 것도 이러한 맥락에서일 것이다. 그런 점에서 신(神)통일한국은 유엔(제5유엔 사무국)을 한반도에 유치함으로써 구체화되어야 할 것이다. 아무리 호전적인 북한도 유엔기구가 있는 지역을 넘어 남한을 공격할 수 없을 것이기 때문이다. 제5유엔은 어떠한 방어벽보다 전쟁에 대한 '신의 한수'의 방어책이 될 것으로 보인다.

신인간(神人間)은 권력자의 모습이 아니라 모든 존재에 내재하고 있는 신, 평화의 신을 인류가 깨닫게 하는 '일반적이고 보편적인 신'으로서 자리 매김하여야 한다. 이제 신은 무소부재의 전지전능한 권력자가 아니라 만물에 깃든 내재적 신으로서 새롭게 자리매김하여야 한다. 내재적 신, 평화의 신은 겉으로 보기에는 매우 보잘 것 없는 신으로 보일지도 모른다. 그러나 이러한 신(神)을 앞세우면서 나아가야, 다시 말해 좌·우의 입장을 넘어설 수 있는 절대가치를 내세우며 나아가야 신통일한국 실현은 물론, 지구촌 평화(One Family under God)도 가능할 것이다.

4차 산업혁명을 맞이한 오늘의 인류는 이제 과학기술만을 앞세운 '오만한 인간신(人間神)'이 아니라 '자연의 본래'를 존중하는 신인간(神人間)으로 돌아가야 한다. 이것이 바로 '만물만신(萬物萬神)의 신'이다. 신(神)통일한국시대 개문 안착의 밝은 미래는 이러한 신에 대한 돌아봄과 각성으로써 실현될 것이다.

　우리가 〈평화를 사랑하는 세계인으로〉와 〈평화의 어머니〉를 통해 알 수 있듯이, 일평생 신(神)통일한국과 신(神)통일세계 실현을 염원하시고 실천해 오신 문선명· 한학자 총재께서 왜 평화유엔, 종교유엔, 여성유엔, 청년유엔과 같은 새로운 개념으로써 인류의 지혜를 새롭게 확장시키고자 하시는 큰 뜻을 우리는 깨달아야 할 것이다. 그분의 지혜를 나의 지혜로, 그분의 실천을 우리의 실천으로 일체화시켜 가는 삶을 통해 우리 모두는 신통일한국과 신통일세계를 만들어가는 수고와 영광을 함께 누리게 될 것이다.

# 2

## 참가정운동
### - 포스트코로나 시대, 미래종교의 비전

　우리는 신(神)통일한국, 신(神)통일세계를 준비하면서 왜 참가정운동이 중요한가라는 의문을 가질 수 있다. 가정연합에서 하는 참가정운동, 축복결혼운동이 단순한 남녀의 결혼을 주선하는 일로 생각하는 이들은 더욱 그럴 것이다. 그러나 일찍이 인류문명을 걱정하시면서 추진해 오신 참가정운동은 오늘에 와서 생각해보면 사실은 미래인류를 위한 선각적인 사회실천운동이다. 고령화·저출생 문제로 전 세계가 공멸해가는 과정에 놓여 있다고 해도 과언이 아니다. 프리섹스, 동성애 등의 문제로 오늘날 인류는 다양한 문제에 직면해 있다. 이러한 시기에 우리는 신통일한국시대를 준비하면서 참가정운동이 함의하고 있는 철학적 그리고 사회실천적 의미 등을 생각해볼 수 있다. 먼저 종교와 가정연합 창립에 관한 문선명·한학자 총재의 생각을 들어보자.

## 1) 세계평화통일가정연합 창설 배경

"종교시대는 지나갑니다. 종교단체의 시대는 지나간다는 것입니다. 통일교회 말씀이 종교 교리가 아니고, 인생 교리라는 거예요. 그렇기 때문에 영계 사람이나 지상 사람이나 천사세계나 모두 그 원칙에 지배를 받는 것입니다. 이제는 종교시대가 아니라는 것입니다."[1]

"종교시대는 지나간다고 했습니다. 종교시대에는 개인구원입니다. 왜 세계평화통일가정연합이 되느냐? 가정시대에는 가정구원만이 아닙니다. 그러니 세계 인류도 한꺼번에 축복받으면 다 넘어가는 것입니다."[2]

"하나님 섭리의 중심종교인 기독교가 본인의 가르침인 천도를 받지 않음으로 말미암아 본인이 처음으로 만든 조직이 '세계기독교통일신령협회'입니다. 교파도 종파도 아닌 협회입니다. 교계가 계속 불신하고 모함 핍박하면서 무조건 이단이라 규정하여 외면하는 데도 우리 모임이 커 가니까 우리의 공식 명칭 대신 세상에서 통일교회라고 불러서 통일교회가 되고 말았습니다. 그러나 본인은 수십년 전부터 교회 간판을 내리는 날을 소망하면서 그 사실을 예고해 왔습니다. 1996년에 교회 간판을 내리고 '세계평화통일가정연합'으로 출발했습니다. 이는 인류사에 있어서 중대 사건입니다.

---

1) 세계평화통일가정연합,『後天시대와 天地人참父母』, 성화사, 2009, 336쪽.
2) 위의 책, 337쪽.

거짓 부모로부터 물려받은 죄의 멍에를 쓰고 고난과 갈등 속에서 회개와 기도의 신앙생활을 통해서만 하나님을 찾던 인류가 참부모로부터 축복을 받고 중생하여 참사랑의 생활 속에서 하나님께 보고하고 사는 세계로 바뀌는 천지개벽이 시작된 것입니다."[3]

## 2) 고등종교의 해체와 종교의 원시반본(原始反本)

현재 우리가 알고 있는 인류의 고등종교들, 즉 기독교, 불교, 유교, 이슬람교 등은 모두 인구팽창과 문명화와 국가(제국)의 형성으로 인해 합리성의 강화로 서기전 5세기 추축(樞軸)시대를 전후로 생겨났다. 합리성의 강화는 국가의 질서를 유지하고 통일된 국가를 유지하기 위해서는 불가피한 조처였다. 역사를 통해 세력을 확장해온 이러한 고등종교들은 대체로 이성을 중심으로 하는 가부장-남성중심 종교이다. 이성을 중심으로 하는 종교들은 저마다 자신의 교리체계와 도그마로 인해서 장벽을 쌓고 있다. 따라서 고등종교의 벽을 어떤 형태로든(혁명적이든, 개혁적이든, 과격하든, 점진적이든) 해체하지 않으면 인류 한가족 공동체를 형성하기 어렵게 되어 있다. 적어도 고등종교들끼리는 서로의 존재를 인정하고 교류하고 융합하면서 벽을 허물어가야 한다.

고등종교는 흔히 보편성의 종교라고 하지만 실은 실체를 가정한 소유의

---

3) 세계평화통일가정연합, <平和經>, 성화사, 2015, 257쪽.

종교이다. 그런데 사실 실체란 가상실재에 지나지 않으며, 실체의 소유를 내려놓기 위해서는 고등종교를 해체하지 않을 수 없다.

고등종교의 해체는 인류의 종교를 종래의 '보편'과 '추상'과 '가상실재'에서 벗어나 '존재'와 '구체'와 '실재'로 돌아오게 하는 결정적인 역할을 할 것으로 기대된다. 고등종교의 해체인 원시반본은 만물만신(萬物萬神), 만물생명(萬物生命)의 자리로서, 고등종교의 하늘(天)과 이(理)를 땅으로 내려오게 하는 종교의 에콜로지 회복사건이다.

여기에 역설적으로 원시종교인 샤머니즘이 도리어 문명의 약이 되고 있다. 그동안 우리가 고등종교라는 관점에서 소외시키고 평가절하해온 샤머니즘의 세계관 , 즉 천지인(天地人)의 순환을 통해 원시성(생명성)을 회복하는 것이 지름길이다. 천지인은 본래 칸막이가 쳐진 것이 아니다. 인간이 천지인을 그렇게 보았을 뿐이다. 성(性)과 성(姓)과 성(聖)은 순환하는 것이다.[4]

인류역사에서 성인(聖人)의 출현이라는 것은 문명의 주기에서 인간에게서 천지가 회통하는 '인중천지일(人中天地一)'의 사건이 일어난 현상이라고 말할 수 있다. 성인의 출현을 통해서 인간은 삶의 활기와 야생성—이것은 인류사의 축제적 사건이기 때문에 종교의례를 통해서 예배하게 되는 것

---

4) 박정진,『네오샤머니즘-생명과 평화의 철학』, 살림, 2018 참조. 박정진 박사는 이 저서를 통해 샤머니즘에 대한 기존의 오해와 불신을 불식하고 21세기 기술과학시대의 문제점을 극복할 수 있는 새로운 대안적 가치관으로 네오샤머니즘을 주장하고 있다. "네오 샤머니즘이란, 인간을 '본래존재(자연적 존재)'로 돌려놓을 신물숭배를 말한다. 21세기 인공지능, 사이보그시대에 과학을 넘어서는 새로운 우주론"으로서 네오샤머니즘을 제시하고 있다.

이다―을 회복하면서 동시에 성인의 말씀(경전)을 통해 삶의 새로운 질서를 회복하게 되는 것이다.

그동안 우리는 성인의 말씀(경전)을 통해 삶의 의미를 충전하며 살아왔지만 이제 지구촌시대를 맞아 어느 한 분의 성인이나 종교를 집단적으로 모여 따르고 믿는 방식, 그것도 타종교를 배척하는 방식으로는 불화와 전쟁을 막을 수 없게 되었음을 자각하고 있다. 말하자면 이제는 성인들의 화해(聖+和)가 필요한 시점이다. 이러한 화해는 역설적으로 인간 각자가 성인이 되는 길밖에 없어 보인다. 그래서 일찍이 문선명·한학자 총재께서는 "너희가 (신)종족적 메시아가 되어라"라는 가르침을 주셨다고 생각한다. 이는 총재님께서 먼저 체휼하신 '인중천지일'의 사건(천부경적 사건, 심정체휼사건)을 우리 각자 그리고 우리 가정이 내면화해야 함을 강조하신 것으로 보인다.

## 3) 천부경적 사건으로 본 고등종교와 가정연합(미래종교)의 참가정운동

인류의 최고경전 『천부경(天符經)』에 따르면, 본래 우주는 실체가 없는 것이다. 천지인은 순환하는 것이고, 서로 내포하는 것으로서, 요컨대 '인중천지일(人中天地一)'이다. 쉽게 말하면 사람 가운데 하늘과 땅이 있는 것이고, 천지중인간(天地中人間)이 아니다. 하늘과 땅 사이, 시공간 속에 인간이 있는 것이 아니라는 말이다.

미래의 종교에 대해 철학인류학자로서 예견을 한다면 고등종교들이 급속하게 해체될 것이라는 점이다. 절대적인 권위와 보편성을 최고덕목으로 하는 '이성적-남성성' 위주의 고등종교들은 살아있는 현존적 분위기를 발사하는 '감성적-여성성' 위주의 종교들의 부흥으로 점차 퇴조할 것이라고 감히 말할 수 있겠다. 이제 권력적 강제와 지배의 패러다임은 더 이상 평화를 원하는 지구촌의 인류에게 희망이 되지 못한다. 오늘날 인류에게 진정한 의미에서의 희망전진대회는 바로 여성(성)의 재발견과 평화문화 확산에 있다. 여성성의 '사랑과 평화의 패러다임'이 새롭게 각광받을 것으로 기대된다.

향후 세계평화를 실현함에 있어서 여성(성)의 재발견과 참가정운동의 역할이 더더욱 중요해질 것으로 본다. (참)가정은 사회의 세포이자 사회를 재생산하는 메커니즘이다. 가정이라는 것은 사회를 구성하는 제도이지만 제도이기 이전에 매우 자연적인(생물학적인) 재생산의 결과이다.

여기서 자연적이라고 하는 것은 제도인 동시에 제도가 아닌, 다시 말하면 우주적 생성의 긴 여정의 결과라는 의미가 내재해 있다. 가정의 신비라는 것은 실은 우주적 신비를 말한다. 그 신비라는 것에 신성(神性)이 내재해 있는 것이고 보면, 가정에 대해 우리는 흔히 일상적으로 볼 수 있는 것이기에 대수롭지 않은 것처럼 대해온 것은 아닌지, 반성하게 된다. 여성, 가정, 평화의 상징적 울림과 현실적 함께함을 아우르는 참가정운동, 그것은 바로 미래문명의 내안이다.

이러한 의미에서 일찍이 참가정운동을 제창하신 문선명·한학자 총재의 혜안을 우리는 다시 한번 생각하게 된다. 그리고 왜 일찍이 세계기독교통일신령협회, 세칭 통일교(종교)를 세계평화통일가정연합으로 전환시키셨는지에 대해 우리는 깊이 숙고해 볼 필요가 있다. (고등)종교의 해체와 가정의 신비를 일찍이 내다본 것이 아닐까. 종교가 세속화·권력화되어 소위 교권세력이 확장되면서 생기는 인간사회의 해악을 보시고 인류가 진정한 의미에서 '하늘부모님 아래 한가족'이 되어 살려면 수평적 커뮤니케이션이 자연스럽게 이루어지는 의식과 제도의 필요성을 아시고 가정연합을 통한 참가정운동을 주창한 것은 아닐까.

참가정운동! 그것은 우리가 통상적으로 생각하는 남·녀만의 결혼이 아니라 분명 미래문명의 대안으로 제창하신 통찰이다. 인간세상이 기계화되어가고 고령화·저출생이 대세가 되어가는 오늘날, 우리 모두는 저마다 따뜻한 삶의 보금자리가 필요하지 않은가. 우리는 기계가 아니기에. 나의 살아있음을 느끼게 하는 정(情), 심정(心情), 효정(孝情). 그 정을 온전히 느끼고 나눌 수 있는 곳이 내가정, 우리가정이 아니고 어디이겠는가? 참가정운동, 그것은 바로 우리의 일상을 천국으로 만드는 가장 중요한 운동이다. 그래서 가정연합 회원인 우리는 오늘도 그 운동에 매진하고 있는 게 아니겠는가?

# 3

## 효정(孝情)문화예술운동
### - 한국인의 효(孝)사상과 심정(心情)문화

　효는 심정에서 출발하고 신체에서 완성된다. 따라서 심정은 어떤 원리보다도 앞서는 것이고, 우주만물의 살아있는 존재의 실상이라고 할 수 있다. 한국인의 징체성은 흔히 심정문화에서 찾아진다. 한국 사람이 모인 자리에서 정(情)이 통하지 않으면 그 모임은 아예 없는 것이나 마찬가지이고, 결국 그 모임은 해체되고 만다. 그런 점에서 한국인에게 존재적 사건은 정(情)이라고 말할 수 있고, 정은 또한 마음에서 비롯되는 것이기 때문에 한국인에게 존재는 심정이라고 말할 수 있다.[5]

---

5) 흔히 한국사회에서 사용되는 심정(心情)이라는 용어에 대해 세계평화통일가정연합에서는 특별한 철학적 의미를 부여하고 있다. 가정연합의 사상을 철학적으로 정리해 놓은『통일사상요강』에 의하면, 심정은 "사랑하면서 기뻐하려는 징직인 충동"이라고 개념 정의하면서 심정의 하나님을 소개하고 있다. 이는 한국의 역사와 문화전통에서 길어낸 개념임과 동시에 한국인의 삶속에 와닿은 하나님을 개념적으로 붙잡은 용어이다. 오늘 '2017세계효정포럼'의 전체 주

한국인은 추상적이고 논리적인 것에는 약한 편이다. 그래서 외래 사상이나 철학, 문화가 들어오면 종교처럼 되거나 맹목적으로 추종하는 경향이 있어왔다. 이러한 문화적 경향을 두고 '사대주의'라고 말한다. 그 대신 구체적이고 정감적인 면과 예술에서는 타의 추종을 불허한다. 한국인은 풍류도라는 전통에서도 알 수 있듯이 술과 가무(歌舞)를 좋아하는 민족이다. 세계적으로 춤추면서 동시에 노래를 잘 할 수 있는 민족은 그리 많지 않다고 한다. 그 중에서도 한국이 으뜸이다. 오늘날 K팝이 아시아는 물론이고, 세계 대중음악시장에 떠오르고 있는 것은 그러한 전통과 DNA 덕분이라고 할 수 있다.

한국인과 한국사회를 두고 흔히 '정(情)의 사회'라고 한다. 그만큼 인정이 풍부한 나라가 한국이다. 중국이나 일본에서도 마음, 즉 심(心)이라는 말은 많이 사용하지만 심(心)과 정(情)을 합한 '심정(心情)'이라는 말은 한국인이 유난히 즐겨 쓰는 말이다. 한국문화와 사회를 비교문화인류학적으로 보면 '정(情)의 사회'라고 한다.[6] 농촌의 품앗이와 두레는 그 대표적인 것이다. 한국인은 법의 입법이나 집행, 재판과정에서도 법보다는 법정서나 법 감정

---

제인 '하늘 대한 효정, 세상의 빛으로'라는 의미도 심정의 하나님 , 하늘부모님에 대한 효정(孝情)이 오늘날 물질만능주의와 기계화로 치닫고 있는 문명의 병을 치유할 수 있는 덕목으로 보고있다는 것을 확인할 수 있다. 가정연합에서 주장하는 심정과 심정문화에 대한 자세한 내용은 다음을 참조할 수 있다. 세계평화통일가정연합,『천성경(天聖經)』, 성화사, 2013; 세계평화통일가정연합,『평화경(平和經)』, 성화사, 2013; 통일사상연구원,『통일사상요강(頭翼思想)』, 성화사, 1993.

6) 박정진,『한국문화 심정문화』((미래문화사, 1990), 54쪽.

을 운위하곤 한다. 그래서 헌법과 법률을 비롯해서 말로는 법치사회를 주장하지만 그것이 제대로 실천되지 않는 경우가 많다. 한국인에게 정이 없으면(통하지 않으면) 존재가 없는 것이나 마찬가지이다. 한국인은 존재감을 정을 주고받음에서 찾는다. 말하자면 인정에 따라 법의 해석과 적용의 사례가 다르게 나타나기도 하고, 때로는 법의 형평성과 공평성의 문제를 야기하기도 한다.

법과 정은 대립적인 위치에 서고, 인정은 사회적으로 부정적인 측면으로 나타나기도 하지만 인정 자체를 나무랄 수는 없다. 인정은 심정(心情)에서 비롯된다. 나날이 인정이 메말라가는 자본주의-산업사회에서 인정의 덕목은 새로운 가치로 정립될 필요가 있다. 그동안 한국의 효사상과 심정문화가 국가적으로는 불리하게 작용하여 최근세사에서 나라의 기강이 흩어져 일제의 식민지가 되는 수난을 겪기도 했다. 하지만 미래 여성시대에는 효사상과 심정사상, 즉 효정(孝情)사상으로 인해 한국이 세계를 이끄는 선진국으로 발돋움하게 될 가능성이 높다. 이들 사상에 대한 주목과 복원이 절실하다.

서양문명권에서는 개인(자유, 평등)과 국가(국력)가 중요하지만 동양문명권에서는 가족이나 가정이 상대적으로 중요하다. 그래서 수신(修身)의 핵심은 효사상이고, 만약 효사상이 없다면 동양문명체계는 전체적으로 붕괴될 수밖에 없게 된다. 동양문명체계에 효가 없다는 것은 마치 서양문명체계에서 자유와 평등이 없는 것에 비할 수 있다.

동아시아 유교문화권에서는 선비나 사대부의 도리로 수신제가치국평천하(修身齊家治國平天下)를 말한다. 이는 수신을 한 뒤에 순차적으로 집을 가지런히 하고 나라를 다스리고 천하를 평정함을 말한다. 수신에 이어 동심원적으로 확대되는 세계관을 천명하고 있다. 그러나 수신에서 평천하는 단계적으로 실천해야 할 덕목이 아니라 동시에 실천해야 할 덕목이다. 말하자면 평천하하는 사람이라도 수신을 게을리해서는 안 된다.

현대의 윤리가 그 이전과 다른 점은 어떤 측면에서는 '수신제가치국평천하'가 거꾸로 된 '평천하제가수신'으로 환원되어야 하는 실정에 있다고 해도 과언이 아니다. 세계가 확장하는 시절에는 '평천하'가 가장 끝에 있었지만, 이제 역사적 환원과 복귀의 시대에는 '제가'와 '수신'이 가장 끝에 있어야하는 사정이 되었다고도 말할 수 있다. 이 말은 세계의 지도자들이 수신제가가 안 된 상태에서 지도자가 되는 경우가 많다는 의미도 된다.

더욱이 제가수신에서도 한 걸음 더 뒤로 나아가 그 이전의 정심성의(正心誠意)에로 환원되어야 인간성을 회복할지도 모르겠다. 도대체 과학기술만능의 시대에 가장 없어진 것은 성의(誠意)이다. 도대체 만사에 성의가 없다. 과학기술시대의 최고의 가치는 성의가 될 날이 머지않은 것 같다. 세계가 하나의 네트워크체계로 변해 지구촌이 된 오늘날, 인류는 이제 확대보다는 본질로의 수렴이나 환원을 요구받고 있다. 가장 본질적인 것으로 다시 돌아가서 스스로를 수양해야할 필요성이 대두되고 있다. 유교의 덕목은 역시 『중용(中庸)』이나 『대학(大學)』에서 그 원리를 잘 설명하고 있다. 중용은 '중(中)'과 '성(誠)'을 중시하고, 대학은 '명덕(明德)' '지선(至善)' '정(正)'을 중시한다.

이런 복귀의 시대에는 천하보다는 가정이 더 중요하다. 수신에 앞서 전제되어있는 마음가짐이라고 할 수 있는 성리학의 격물치지성의정심(格物致知誠意正心)의 '성의(誠意)'와 '정심(正心)'은 수신평천하보다 더 본질적인 덕목으로 다가오고 있다. '성의'와 '정심'은 도리어 유교의 최고덕목인 '중정(中正)'을 의미한다.

예(禮)의 성패는 성의(誠意) 여부에 달려 있다. 따라서 효(孝)도 성의가 없으면 결국 형식주의에 그쳐 실패하고 말 것이다. 성의는 또한 심정적으로 정(情)을 얼마나 많이 주느냐, 정성을 얼마나 기울이느냐에 달려있다. 정심(正心)은 그야말로 마음의 바른 자리를 찾는 것이다. 따라서 '효정(孝情)'의 의미는 바로 '성의'와 '정심'을 합친 의미로 해석할 수 있을 것이다. 효정을 통해서 마음가짐과 몸가짐을 바로 잡는 것이 오늘의 예의 바탕을 마련하고, 길을 닦는 지름길이 됨을 알 수 있다.

오늘의 예의 성립은 효정을 통하는 것이 가장 효과적이고 실질적인 것임을 알 수 있다. 가정의 효를 세계적(천주적)으로 극대화하기 위해서는 심정을 매개로 사용하지 않을 수 없다. 심정만이 우주전체를 꽉 채울 수 있는 기운생동이기 때문이다.

한편 가정은 개인과 사회의 중간에 있음으로써 개인의 인격을 존중하는 가운데 사회가 전체주의로 치닫지 않도록 중간역할을 하여야 한다.

"그러므로 우리가 주의해야 할 것은 개개인의 인격이 가정이라는 생활권을 통하지 않고 막 바로 사회에 참가해서도 안 되고, 또 아무리 사회의 기본단위가 가정이라고 할지라도 개개 인격을 삼켜버린 채 사회로 나아가는 일이 있어서는 안 된다는 점이다. 왜냐하면 개개 인격이 가정을 무시하고 직접 사회에 참여할 경우 이는 가정의 존재를 약화시켜, 심하면 무가정(無家庭)의 상태를 가져오게 될 것이며, 그러할 때 인간관계의 기본이 설정되지 않아 복합적이고 광범위한 사회속의 인간관계가 잘 영위될 수 없을 것이기 때문이다. 그렇다고 윤리생활의 기본단위인 가정이 개개 인격을 말살하고 그대로 사회를 구성할 경우 여기서는 생명체가 생존단위를 잃고 자유의지를 행사할 수 없는 집체주의(集體主義)가 나타날 가능성이 많아진다."[7]

효사상이 가정윤리에만 머문다면 이는 인류를 구할 지구적 윤리로서 자리매김할 수가 없다. 효사상이 '도의(道義)세계'의 구현으로 승화되지 않으면 안 된다. 서양이 중심이 되어 이끌어온 근대문명은 개인(개체, 개별성)을 중심으로 하면서도 보편성을 추구한 문명이었다. 서양문명은 개별성과 보편성으로 구성되어있다고 해도 과언이 아니다. 서양문명의 장점은 따라서 개별성에 뿌리를 두고 있는 개인의 자유와 보편성으로부터 추출된 과학기술문명이라고 할 수 있다. 그러나 오늘날 서양문명은 개인-이기주의와 과학-실용주의에 빠져있다.

기독교가 그동안 사랑을 부르짖었지만 그것은 힘을 잃고 오늘날 서구중심의 인류문명은 개인과 집단 간에 '종합적 권력주의'라고 할 수 있는 패권주의에 빠졌다. 패권주의라는 것은 생존경쟁을 권력경쟁으로 바꾼 호모사피엔스의 결정적이고 치명적 운명이라고 할 수 있는 '인류공멸의 전쟁'에

---

7) 김충열, 『유가윤리강의』(예문서원, 2001), 86쪽.

대한 공포를 자아내고 있다. 이를 정신적으로 극복하기 위해서는 가정윤리 속에 숨어있는 보다 일반적인 도의의 알맹이를 찾아내야 한다. 그것은 바로 개인(개체)이 무엇으로부터 탄생하였는가를 깨닫는 일과 만나게 된다. 바로 어떤 개인도 부모로부터 태어난 존재임을 부인할 수 없다는 사실이다. 여기에 효사상의 일반적인 가치가 내재해 있는 것이다.

서양문명의 보편성-개별성의 연합은 이제 개별성-일반성의 연합으로 크게 중심이동을 하지 않으면 안 되게 되었고, 일종의 문명과 도덕의 자연주의를 표방하지 않으면 안 되는 절체절명의 위기에 빠져있는 셈이다. 여기에 동양의 '도의사상'이 단순한 윤리와 다른 점이 내재해있다. 동양의 도의사상은 기본적으로 자연의 도(道)를 숭상하는 동양의 도학(道學)의 정신을 바탕으로 하고 있다. 이제 인류문명의 지역적(집단적)·문화권적으로 수립된 보편성을 보편성이라고 주장할 것이 아니라 인간과 자연에 내재한 공통성을 바탕으로 다시 일반적이고 보편적인 인류의 윤리를 구현해야 할 시점에 도달하였다.

효사상에는 부모로부터 태어났다는 인간의 공통성인 일반성이 내재해있으며 이를 통해서 세계적인 도의로 성장할 가능성을 내포하고 있다고 볼 수 있다. 다시 말하면 효사상은 일반적이고 보편적인 도의인 것이다. 인간은 각자의 마음에 '양심(良心)'이라는 것을 가지고 있다. 이 양심은 시공간을 초월한 것으로서 인류가 인위적으로 구성한 보편성(보편적 도덕)이 아니라 태어나면서 가지고 있는 자연적 일반성(자연적 도의)라고 할 수 있다. '마음'은 '효' 사상과 마찬가지로 자연이 인류에게 선물한 것이다. 마음(心)

이 전달되려면 정(情)이 있어야 하고, 마음과 정이 하나가 된 것이 심정(心情)이다.

효사상이 혈통적 사고의 산물이라면 심정은 우주적 사고의 산물이다. 효사상의 수직성을 심정의 수평성으로 통합·확장하여 우주적 사유의 경지에 도달하여 '우주인의 마음'이 된다. 이것이 도의세계구현(道義世界具現)의 요체이다. 자연이 선물한 효사상과 심정을 동시에 가질 때 인간은 본래 인간으로 돌아가는 것이다. '효'와 '심정'의 결합은 그러한 점에서 가정과 우주를 연결하는 동시에 인간의 삶을 우주적으로 확장함으로써 '우주적 인간' '천주적(天宙的) 인간'이 되는 길을 열어줄 것이다. 이러한 도의세계의 경지는 종교종파인종을 떠나서 개인의 인격을 우아일체(宇我一體)의 존재로 해탈시킬 것이다.

효(孝)와 심정(心情)의 복합어인 효정(孝情)은 물질만능시대의 인간을 보다 인간답게 치유할 수 있는 본질적 도의윤리라고 할 수 있을 것이다. 효와 심정은 '자연과 양심의 소리'를 대변한다. 천하를 다스림으로써 인간과 가정을 다스리기보다는 가정을 다스림으로써 인간과 천하를 다스리는 것이 훨씬 더 효과적이며, 현대의 문제를 해결할 수 있는 첩경일 것이다.

오늘날 세계 각국은 새로운 도덕과 윤리를 만들기 위해 안간힘을 쓰고 있다고 해도 과언이 아니다. 오늘의 물질문명, 과학기술문명에 맞서서 인간성을 잃지 않고 살아갈 수 있는(긴장관계를 이루어 갈 수 있는) 도덕윤리로서 '효정'문화는 한국문화가 세계에 내놓을 수 있는 문화콘텐츠임에 틀림없다. 효정문화를 통해 우리의 도덕윤리를 회복하고, 동시에 이를 한국의 문화브랜드로 성장시키는 데에 주력할 때 한국은 세계적 '문화선도국가'가 될 수 있을 것이다..

과학기술사회와 긴장관계를 잃지 않고 유일하게 대결할 수 있는 사상은 오직 효(孝)와 심정(心情)뿐이다. 기계는 정이 없다. 만약 기계가 인간의 정을 나눌 정도로 발전하고 교감한다고 해도 그 정은 정보로서 기계에 이미 입력된 정보일 뿐이다. 따라서 정이야말로 인간이 인간임을, 인간의 정체성을 유지할 수 있는 유일한 덕목이다.

한국인의 정(情)은 서양과학기술문명의 로고스(logos)와 대적할 수 있는 강력한 문화정체성으로 각광을 받을 것으로 예상된다. 효와 심정의 결합인 효정사상의 출현은 시대적 소명에 따른 역운적(歷運的, 역사운명적) 제안이며 성과라고 할 수 있다.

"가부장시대-천지(天地)시대에는 천리(天理)를 중심으로 살았지만 모성중심시대-지천(地天)시대에는 지정(地情)을 중심으로 살아야 한다. 천지시대에는 충(忠)을 중심으로 살았지만, 지천시대에는 효(孝)를 중심으로 살아야한다. 기계의 정은 결국 기계의 명령에 불과하다. 효는 가정적 존재인 인간의 정(情)의 구체화이다. 정이 없으면 효도 있을 수 없고, 효정(孝情)은 따라서 심정의 제도화이다. 생명을 정이 자발적으로 나오는 것이라고 말한다면 효정은 생명의 근본이다."[8]

---

8) 박정진,『위대한 어머니는 이렇게 말했다』(살림출판사, 2017), 559~560쪽.

# 4

## 유엔과 한반도 평화 운동
### - UPF(천주평화연합), '아벨 유엔' 역할

### 1) 왜 유엔과 한반도 평화를 함께 생각하는가

현재의 유엔은 여러 국가들로 구성된 국가유엔(가인유엔)이면서 그 성격은 국가를 초월하는 초국가유엔이다. 그렇다면 종교유엔(아벨유엔)은 여러 종교들로 구성된 종교유엔이면서 초종교유엔이 된다. 인류의 항구적인 평화를 위해서는 국가유엔으로는 여러 면에서 한계에 직면하고 있다. 특히 종교가 전쟁발단의 원인이 된 경우는 국가유엔의 활동으로는 효과를 달성하기 매우 어렵다. 그래서 세계 여러 종교의 대표로 구성된 초종교유엔이 필요하다.

인간은 지금까지 신체적으로 나약했던 자신의 힘(능력)을 강화하기 위해 신(神)을 발명하고(탄생시키고), 신화를 구성하고, 도구를 사용하기 시작함으로써 오늘날 '만물의 영장'이 되었을 뿐만 아니라 근대 과학시대에 이르러서는 '무소불위(無所不爲)의 힘'을 가진 인간신(人間神)이 되었다.

인간이 이렇게 되기까지는 무엇보다도 고정불변의 어떤 것, 절대성과 동일성을 추구하는 생각에 그 힘의 원천이 있었던 것 같다. 그러한 동일성을 상상(추상)하는 능력은 처음엔 신화를 만들었고, 그 다음에 종교를 만들었으며, 그 다음에 화폐를 만들었고, 그 다음에 국가와 여러 제국을 만들었다. 최종적으로 현대에 이르러 과학기술문명을 만들었다.

이들 여러 문화와 제도들은 모두 어떤 종류의 동일성을 추구하는 공통성을 가지고 있다. 바로 동일성을 추구하는 능력이 인간에게 정체성을 부여하고, 협력과 소통을 낳게 하고, 약속과 제도를 만들고, 인간의 문화능력, 즉 힘과 권력을 축적하는 계기가 된다.

인간의 문화(文化)는 결국 '동일성(정체성)의 힘'이라고 말할 수 있다. 비록 그것이 문화권마다 다르고, 역사적으로 변형(變形)되기는 하지만 일정기간 문(文, 文字)이 가지고 있는 특성인 고정불변과 기호로서의 역할을 하였을 뿐만 아니라 동일성의 축적과 계승으로 인간의 힘을 증대하도록 만들었다.

유엔은 국가들의 연합체이다. 말하자면 국가와 제국을 만든 인간이 이제 세계국가를 만들기 위한 초석을 놓았다고 볼 수 있다. 세계 최강의 제국을 만들기 위한 패권경쟁이 어떤 경우에도 한계(제국의 종말)를 보이고, 결국 영원히 지속될 수 없다는 점에서 유엔의 발상은 인간이 획기적인 동일성을 추구해간 과정이라고 볼 수도 있다.

물론 유엔에서도 역시 강대국의 입김이 크게 작용하고 있고, 더구나 유엔이 해결할 수 없는 일들이 많기 때문에 유엔 무용론이 나오기도 하지만 그래도 국제적인 문제를 해결할 수 있는 장치로서 유엔의 위상은 해마다 크게 높아지고 있다. 적어도 유엔은 오늘날 세계적인 문제를 토의할 수 있는 장으로서의 권위를 자랑하고 있다.

　어떤 나라든 유엔의 결정을 무시할 수가 없다. 설사 유엔의 결정이 자기 나라의 국가이익에 배치되기 때문에 정면으로 무시하고, 정반대의 행보를 하고 있는 나라일지라도 유엔의 결정에 압박감을 느끼지 않을 수는 없다. 오늘날 핵무기확산금지조약(NPT)을 탈퇴하고 핵무기와 미사일을 만들어서 세계적인 말썽꾸러기가 되고 있는 북한(왕조전체주의사교체제)의 경우도 유엔의 입김을 무시할 수 없다.

　이제 강대국들도 유엔을 통해서 자신의 정치력을 강화시키고, 국제적인 지배력을 넓히려고 하고 있기 때문에 유엔의 권위는 나날이 올라갈 것임에 틀림없다. 앞으로는 유엔의 결정을 무시하는 나라는 결국 국제사회에서 제대로 행복하게 살아갈 수가 없을 뿐만 아니라 국제사회에서 소외되거나 미아가 되기 쉽다.

　유엔은 국가들이 회원 될 자격을 갖춘 국가들의 연합이다. 따라서 유엔 총회와 안전보장이사회 등 유엔의 각 기구들에서 각국 대표들의 의견이 개진되고, 국제사회가 준수해야 할 어떤 법규사항들을 토론하고 결정하는 과정을 통해 인류가 앞으로 나아갈 길을 찾아가기 마련이다.

　오늘날에는 과거처럼 남의 나라의 영토를 빼앗기 위한 정복전쟁은 거의 사라졌다. 차라리 오늘날은 경제전쟁의 시대라고 말할 수 있으며, 따라서 무역과 국제은행과 국제통화와 관련한 일들이 더 중요하게 부각되고 있다.

## 2) '아벨유엔'으로서 천주평화연합
## (Universal Peace Federation)

2005년 9월 12일 문선명·한학자 총재는 천주평화연합(UPF)을 창설하고 후천시대의 아벨유엔, 종교유엔의 역할을 다하게 될 것이라고 선포했다. 이와 더불어 가정연합은 천주평화연합이라는 유엔활동에 들어간 셈이다. 종교유엔은 필연적으로 평화유엔이 되지 않을 수 없다. 초종교·초교파 운동은 바로 종교유엔을 통해 구체화되고 그것의 목표인 평화를 위해 나아가는 계기를 맞게 된 것이다.

오늘날 경제 이외의 전쟁은 주로 서로 다른 종교와 문화풍습에 따른 것이 대부분이다. 그래서 서로 다른 인류의 종교를 어떻게 다루고 소통시키며, 종교분쟁을 막고 평화를 증진시켜가야 하는 일은 인류문명의 새로운 과제라고 하지 않을 수 없다.

종교가 서로 다른 동일성을 섬기는 도그마와 우상의 제도가 되고, 근본주의라는 이름 아래 자기(개인 혹은 집단)중심적 선악과 가부, 정의와 부정의를 판단하는 굴레로 작용한다면 핵폭탄 못지않게 인류에게 위험이 될 것이다. 이에 초종교초교파운동이야말로 종교의 또 다른 운동이 되지 않으면 안 되는 요구를 받고 있다.

국가는 전쟁과 문명의 산물이다. 따라서 국가유엔이라고 할 수 있는 현재의 유엔은 이른바 종교유엔에 의해서 보완되지 않으면 안 된다. 국가라는 것이 반드시 악이라고는 할 수 없지만, 평화를 추구하는 종교유엔을 통해서 더욱더 평화에 접근하는 노력을 하지 않으면 인류의 평화를 기대할 수 없다.

초종교·초국가 유엔의 설립이 필요한 것은 이 때문이다. 국가가 전쟁의 산물이었다면 국가유엔이 아닌 처음부터 평화를 지향하는 종교유엔이 설립되어 상호보완 되어야 명실공히 국가와 종교가 하나가 된 '완성된 유엔'이 될 것이기 때문이다.

역사적으로 보면 인류의 평화는 '영원한 평화'를 목적으로 하는 것이겠지만 인간의 힘의 증대와 막강함(무소불위의 힘)으로 볼 때 국가 간의 패권경쟁을 근본적으로 막기는 어려울 것이고, 따라서 평화에 대한 의지는 동시에 '인류의 공멸'을 지연하는 의지로서 존재할 수밖에 없다.

평화에 대해 긍정적으로 다가가는 노력을 해야 하는 것은 맞지만 평화를 낙관하는 것은 금물이다. 평화를 낙관하지 않아야 인류의 공멸을 지연시킬 수 있다. 이것이 인간의 겸손한 자세일 것이다. 그 지연이 천년이고 만년이고 몇 백만 년으로 이어지면 그보다 다행한 일은 없을 것이다. 평화를 유지하면서도 인간의 오만과 편견을 스스로 제어하지 못하면 언제라도 전쟁의 공멸 속으로 빠져들 수 있는 개연성은 얼마든지 있는 것이다.

기존의 유엔 기구에 종교유엔이라고 하는 것이 추가된다면, 유엔의 본래목적인 인간사회의 평화와 안전을 증진시키는 일에도 도움이 될 뿐만 아니라 인류평화를 이루는 결정적인 장치로서 큰 진전을 이룬 것으로 평가될 것이다. 말하자면 국가유엔 플러스 종교유엔이 절실하다.

종교유엔은 평화유엔을 지향한다. 문선명·한학자 총재는 천주평화연합 운동을 효과적으로 실천하기 위해 그에 앞서 1992년 4월 10일 세계평화 여성연합을 조직했다. 여성을 중심으로 세계평화의 분위기를 조성하기 위한 것이었다. 평화유엔은 가인유엔과 아벨유엔이 하나가 될 때 이루어지는 것이다. 남북한의 경계지점, DMZ에 제 5유엔 사무국을 설립하는 것은 천주평화연합(UPF)과 세계평화여성연합(WFWP)의 가장 효과적인 평화운동의 실천적 과제로 떠오르고 있다.

# 4
## 장

## 한민족에게 고함

# 1

## 한국의 힘
### - 시장경제, 한미동맹, 호국기독교

한국의 진정한 힘은 무엇일까. 며칠 전 인문학자들의 조찬모임에서 누군가 새삼스럽기도 한 이 질문을 던졌다. 아마도 싱가포르 북미회담을 앞둔 시점에서 한반도가 미증유의 소용돌이로 들어가고 있음이 분명하고, 이 시점에서 우리 힘의 소재확인과 자기반성이 필요한 때문이었을 것이다.

한 나라의 힘은 크게 보면 문력(文力)과 무력(武力)의 합이다. 문력으로 보자면 한국의 힘은 자유민주주의와 시장경제이다. 무력으로 보면 한미동맹(한미상호방위조약)과 국군의 국방력이다. 시장경제에 대해서는 무역거래량 세계10위 안팎, 30-50클럽(인구 5천만 국민소득 3만 달러)에 들 정도이니 이구동성으로 인정했다. 그런데 자유민주주의에 대해서는 의문이 없지 않았다. 자유민주주의와 민중민주주의가 국민적 균형점에 도달하지 못했다는 것이었다.

무력에서도 한미동맹이 한국의 힘인 것에 대해서는 의심의 여지가 없었지만 국군의 자주국방에 대해서는 의심하는 의견들이 있었다. 북한의 비대칭전력에서의 우위, 즉 핵과 미사일개발을 염두에 둔 견해였다. 또 국군의 국토방위에 대한 신념이 부족하다는 견해도 있었다. 결국 한국의 진정한 힘은 '시장경제와 한미동맹'으로 드러났고, '자유민주주의와 자주국방'에 대해서는 신뢰가 부족한 것으로 드러났다.

한국이 힘을 유지하기 위해서는 시장경제와 한미동맹을 약화시키거나 해치는 일을 하여서는 안 된다는 결론이었다. 사회정의의 실현을 위한 정치과정도 중요하지만 지나친 이상주의와 탁상공론, 그리고 혁명을 쉽게 남발하는 사회운동분위기는 자제되어야 한다는 주문이었다. 근대국가의 출범에서 '자유'는 그 어떤 이념보다 앞서는 삶의 원동력이었다. 자유를 잃으면 모든 것을 잃게 되는 것은 시간문제이다.

그렇다면 자유는 누가 보장하는가. 물론 국민 개개인이 자유를 지키고, 자유를 향유하는 주체가 되어야 하지만, 제도적으로는 국가가 지킬 수밖에 없다. 구체적으로는 국가 없는 자유도, 국가 없는 종교도 없다. 그렇기에 자유를 지키는 국가, 종교의 자유를 지키는 국가를 건설하는 것이 근대국가의 목표이기도 하다. 만약 개인의 자유와 종교의 자유에 대해 국가가 억압과 탄압을 하기 시작하면 결국 전체주의사회로 나아가는 길목에 서게 된다. 남의 자유와 남의 종교를 존중하는 것은 근대시민사회의 교양이고 미덕이다.

북한이 핵미사일개발을 완료해서인지, 더 이상 장마당이나 시장경제를 외면하면 체제를 유지할 수 없는 막다른 골목에 처한 때문인지 경제개발을 위해 철통같이 닫혔던 문을 열고 있다. 북한이 세계를 향해 문을 여는 것은 참으로 반가운 일이다. 문을 여는 것은 자유의 출발점이다. 시장의 자유는 나중에 종교의 자유로 발전할 것이 분명하다. 남북이 문을 열고 서로 왕래하고 소통하여야 통일도 되고, 번영도 이룩할 수 있을 것이다.

북한이 경제개발을 위해 문을 여는 것을 보면 우리의 60, 70연대가 생각난다. 정확하게 남북한경제는 75년을 기점으로 경제력이 역전되었다. 남한보다 잘 살던 북한은 뒷걸음질했고, 남한은 승승장구를 하면서 오늘날 세계 10위권의 경제대국이 되었다. 남북한와 같은 작은 땅덩어리의 나라는 거대한 땅덩어리를 가진 러시아나 중국처럼 사회주의를 하면 반드시 못 살게 되어있다. 도시국가처럼 활발한 무역을 하고 문화교류를 하면서 지적·경제적 집약을 통해 국가문화능력을 키우지 않으면 안 된다. 오늘날 싱가포르는 그 대표적인 성공국가이다. 한국의 박정희와 싱가포르의 국부 리콴유는 한때 서로 배우고 칭찬하면서 아시아경제를 이끈 주역(아시아의 네 마리 용)이었다.

뒤늦은 북한의 경제개발신호를 보면서 한민족으로서 응원을 보낸다. 그러면서도 다른 한편 왕조전체주의로 뒷걸음질 친 북한체제가 시장경제-자본주의를 어떻게 운영할지에 대해 염려가 없는 것도 아니다. 중국식의 공산-자본주의를 달성하는 것도 중간목표가 될 수도 있을 것이다. 한국이 산업화와 민주주의를 동시에 달성해내었듯이 북한도 그렇게 되기를 바란다. 그렇기 위해서는 북한주민의 자기발전을 위한 성찰과 용기가 필요할 것이다. 자유는 자신(국민)의 능력만큼 누릴 수 있는 것이기 때문이다.

북한의 경제개발은 한국경제에도 새로운 활로와 도약을 열어주고, 한반도가 상생하는 시기로 접어들게 함으로써 자연스럽게 통일과 평화를 약속받는 행보가 될 수도 있을 것이다. 공생·공영하는 한반도가 된다면 이보다 더한 한민족의 축복은 없을 것이다. 이러한 상생의 시기에 대한민국에 주문하고 싶은 것은 역설적으로 국가의식의 제고이다.

잘 사는 대한민국의 가장 큰 문제는 국가의식과 정체성의 부족이다. 세계화를 지향한 대한민국의 지식인과 기업인, 그리고 정치인은 자신도 모르게 국가의 존재를 망각하거나 때로는 무시하는 성향을 보인다. 국가의식과 국가전략의 부재만큼 우리를 위협하는 적은 없다.

북한에 억류 중이었던 한국계 미국인의 석방을 위한 트럼프대통령의 노력과 환대를 보면서 미국을 지탱하는 힘은 청교도정신이라고 하지만 어느덧 국가종교가 된 미국 그 자체를 깨닫게 해주었다. 우리역사에서 '호국불교'라는 말은 들어보았어도 아직 '호국기독교'라는 말은 들어보지 못했다. 한반도의 비핵화를 내건 싱가포르 북미회담에서 어떤 소식이 전해오든 기독교는 호국기독교가 되어야 시대적 사명과 함께 한국의 힘이 될 것이다.

<세계일보> 칼럼, 청심청담, 2018년 5월 15일)

# 2

## 세계평화를 선도하는
## 통일평화철학을 세우자

한국의 남북분단은 흔히 얄타회담 이후 미소냉전체제의 산물로 인식되어왔다. 국제적인 시각에서 보면 그럴지도 모른다. 한국의 지식인들은 그것을 객관적인 해석으로 받아들여 왔다. 그러나 그러한 시각은 주체적 역사를 망각한 방관자적 시각일 뿐이다. 방관적 시각은 흔히 객관이라는 이름으로 국제질서에 의해 강요된다.

한국의 알량한 지식인들은 그동안 방관자적인 시각을 은폐해왔다. 생각해 보라. 어떻게 한 나라의 분단이 천연덕스럽게 객관적인 사실로 고정된다는 말인가. 객관적인 시각을 고수한다면 분단한국이 반드시 통일되어야 할 이유도 없다. 주인정신이 있을 때 남북통일이 가능하다.

한 나라의 독립과 존속은 객관적 사실이 아니라 나라를 세우고 유지하고자 하는 집단의지의 산물이다. 만약 지금이라도 국민이 나라를 유지하고자 하는 의지가 없다면 그 나라는 언젠가는 사라지고 말 것이다. 국가의 생멸은 항용 있어온 역사적 현상학일 뿐이다.

남북분단은 독립운동 때부터 분열되어 있었기에 분단된 것이라고 주체적으로 생각하지 않으면 안 된다. 독일처럼 전범국도 아닌 한국이 왜 분단되었을까. 아시아전선에서 뒤늦게 참전한 소련이 전승국의 지위를 이용하여 북조선에 들어오자 미국은 38선에서 막았다. 당시 남북한 독립운동세력과 지도자들은 분단을 자초하였으며, 유엔감시 하에 남북한자유총선거의 기회도 북한의 거부로 수포로 돌아갔다.

분단의 책임을 한국인이 스스로의 탓으로 통감하지 않는다면 남북통일도 주체적으로 달성되기 어려울 뿐만 아니라 통일 되어도 분열의 난맥상에 빠질 것이다. 미소에 의한 분단이라면 왜 양극체제가 붕괴된 지금 남북은 더욱 치열한 대치와 적대로 일관하고 있는가.

분열은 오늘의 문제로 남아있다. 현재의 남남갈등은 남북분단보다 더 위험한 것이고 악성일 수 있다. 요즘 국회와 정치권의 분열상을 보면 나라의 주인이 없다. 자신이 주인이라고 착각하는 노예들이거나 노예도덕으로 원한과 분노를 폭발시키고 있거나, 당파적 권력을 도모하면서 겉으로 평등이나 평화를 슬로건으로 내걸고 있는지 모른다.

평등이나 평화는 노예가 달성할 수 있는 것이 아니라 주인만이 달성할 수 있는 것이다. 그래서 그 어느 때보다 나라 전체와 국민을 생각하는 주인정신이 필요하다. 통일에 대해 매우 방관자적인 태도를 취하고 있으면서 통일을 갈망하고 있다고 스스로 속이고 있지 않은지, 국민전체가 반성해볼 일이다.

한민족의 분열은 조선 후기에 당쟁과 외세의 침입에 의해 가속화되었으며, 일제 식민통치 기간에 자기비하와 이간질에 의해 극성을 피우다가 드디어 식민체질화 되었다고 볼 수 있다. 아직도 한국문화 전반은 일제식민사학을 비롯해서 일제에 의해 추진된 근대화의 영향으로 왜곡된 채 일제잔재에 물들어있다.

이는 한 번의 식민통치가 결코 쉽게 지워지는 것이 아니며, 최악의 경우 문화적 유전과 체질화로 전통의 망각에 이를 수 있음을 보여준다. 일부 지식인들은 일본의 것을 전통적인 것으로 오해하거나 그것을 권력화의 도구로 사용한다. 현재 한국의 문화권력은 친일식민세력과 해방 후 대체된 미국사대세력에 의해 점령되어 있다고 해도 과언이 아니다. 한국문화의 지배세력들은 현재 사대를 선진으로 착각하고 있거나 선진화하는 사대를 필수로 생각하고 있을 확률이 높다.

외래선진문화를 주체화하려는 노력은 문화엘리트들의 자기희생과 수고로움에 빚지지 않으면 결코 달성될 수 없는 것이다. 선진문화를 배우고 완전히 소화한 뒤 마치 갓난아이를 낳은 것처럼 자기문화를 재창조해내지 않으면 선진국이 될 수 없다. 선진문화의 단순한 향수자로 만족하거나 보세가공이나 조립품생산의 차원에 머물러서는 결코 문화적 식민지를 벗어날 수 없다. 예컨대 한국의 인문학은 아직도 시대정신을 스스로의 질문과 개념으로 감당하지 못하고 있다.

한 나라의 통일은 결코 주변강대국의 협상이나 회담에 의해 실현되는 것이 아니다. 한국인의 통일에 대한 의지가 없는데 강대국들이 할 일이 없어서(한국이 특별히 예뻐서), 한국의 통일을 위해 동분서주하고 에너지를 낭비하겠는가. 하늘도 스스로 돕는 자를 돕는다고 했듯이 한국인의 통일에 대한 의지가 강력할 때, 자국에 해가 되지 않는 범위에서 주변국도 통일을 도울 수 있을 것이다.

이웃나라의 통일과 발전은 주변국의 입장에서 볼 때 좋을 수도 있지만 나쁠 수도 있는, 그래서 즐겨하는 일은 아니다. 국제간의 세력균형을 보면 지배국은 다른 나라를 '분할통치(divide and rule)'하는 전략을 세워왔다. 이 말은 여간한 노력이 아니면 분단은 고착되기가 쉬우며, 분단된 나라가 통일을 이루기는 어렵다는 뜻이 된다.

더욱이 한국(남한)의 경우, 무역규모로는 세계 7위(1조 988억 달러), GDP(국내총생산)은 세계 13위(1조 4495억 달러), 1인당 GDP는 세계 29위(2만 8739 달러)(2014년 IMF 기준)이며, 이에 앞서 20-50클럽(국민소득 2만 달러, 인구 5천만 명)에도 가입하였다(2012년). 앞으로 통일여부에 따라 40-80클럽(국민소득 4만 달러, 인구 8천만 명) 가입도 예상되기 때문에 이웃나라에 부담 혹은 위협도 될 수 있다. 이에 한국의 통일이 관련국에도 이익이 되고, 세계평화질서구축에도 큰 진전과 보탬이 된다는 점을 확실히 주지시키지 않으면 안 된다. 이를 위해서는 인류의 미래비전과 연결되는 통일철학을 제공하지 않으면 안 된다. 한국의 통일철학은 주체적이면서도 세세평화를 선도하는 내용이어야 한다.

(청심청담, 2015년 6월 23일)

# 3

## 신(神)풍류도로
## 신(神)통일한국을 이루자

우리 역사를 거시적으로 보면 각 왕조는 서로 다른 민족정서와 에토스속에 살았던 것 같다. 흔히 민속학자들은 신라는 신(神)을, 고려는 미(美: 멋)를, 조선은 한(恨)을 메인스트림(주류정서)으로 살았다고 한다. 물론 신라에도 멋과 한이, 고려에도 신과 한이, 조선에도 신과 멋이 있었겠지만 그특징이 그렇다는 것이다.

우리는 조선과 신라에 비해 고려에 대해 잘 모르고 있다. 고려사나 고려가사 및 문학 등을 통해 짐작하는 정도이지만 고려시대는 의외로 문화적풍요와 세련됨 속에 민족자긍심을 가지고 살았던 시기였다. 북방거란족과여진족에 밀려 남쪽으로 수도를 옮겼던 중국 송나라보다 더 위세를 떨치기도 했다.

고려시대의 상감청자나 수월관음도 등 미술·불화들은 세계적인 고미술

경매장에서 10억원을 넘는 고가로 거래되고 있다. 그만큼 미적 감각과 예술성이 높았던 것을 짐작할 수 있다. 그런 멋스러운 생활이 무너진 것은 문신들이 무신들을 업신여기고 무신의 난과 무신통치가 이루어지고 설상가상으로 세계 초유의 대제국인 몽골의 침략이 있고부터이다.

고려는 신라에서 형성했던 세계 수준의 불교정신(화엄과 선불교)과 불교문화를 이어받아 내우외환 속에서도 문화를 세련되게 발전시켰으며, 몽골전란 속에서도 고려대장경(팔만대장경)을 새기는 등 문화적 저력을 보여주었다. 삼국사기와 삼국유사의 편찬을 통해 국가정체성을 확실히 했다. 고려중엽에는 영토를 북방으로 더 넓히기도 했다.

고려문화의 멋은 신라통일의 바탕 위에 구축됐다. 국가통일이라는 것은 수많은 전쟁과 문화적 피폐함을 몰고 오지만 일단 통일이 달성되면 문화적 번영의 시기가 기다리고 있기 마련이다. 통일에 쏟은 에너지가 문화예술로 향하기 때문이다. 신라통일을 생각할 때 우리는 흔히 통일전쟁만을 생각하지만, 그것을 뒷받침하는 사상과 철학의 준비가 있었다. 국가통일은 정치외교, 군사력, 국민의 의지 등 문화가 총동원되는 국가사업이다.

'한민족'이라는 정체성을 확립한 신라의 통일은 군사력과 함께 '신바람' 즉 풍류도(화랑도)에 의해 달성됐다고 할 수 있다. 예나 지금이나 신바람은 '자유(自由)와 새로움(新)'의 추구로 구성된다. 외래의 신문물을 받아들이고 자기화(토착화)하는 힘이 커질 때에, 밖으로 나아가는 진취성도 강화된다. 원효의 화쟁(和諍)사상과 원광법사의 세속오계(世俗五戒)는 그러한 면을 잘 보여준다. 불교가 싸움을 좋아할 리 없지만, 세속에서 싸울 때는 살

생유택(殺生有擇)과 임전무퇴(臨戰無退)의 정신을 가질 것을 요구했던 것이다.

조선은 고려와 신라에 비해 한(恨)의 정서가 지배적이었던 것 같다. 이는 무엇보다도 지배계급이 가렴주구로 민생을 보살피지 않았기 때문이고, 엘리트관료들이 당파싸움에 빠져들어 세계사적 흐름을 따라가지 못했기 때문이다. 영정조시대가 실학의 시대라고 하지만 결과적으로 조선의 실학은 실패했고, 19세기의 근대화물결을 타지 못했다. 성리학 자체가 잘못된 것은 아니지만 그것을 통치철학으로 운용한 국가 전체의 모습은 점차 당파싸움과 예송(禮訟)과 내분으로 기울었고, 마지막에는 세도정치로 자발적 개항과 근대화의 기회마저 놓쳤다. 그 마침표가 경술국치였다.

조선말 유림들은 위정척사(衛正斥邪)와 쇄국정치로 맞서면서 동도서기(東道西器)를 외쳤지만 문물의 흐름을 놓치는 폐쇄적·퇴행적 도덕주의는 내우외환을 맞을 수밖에 없었다. 강제개항과 동학농민운동은 외세를 끌어들일 수밖에 없었다. 단재 신채호 선생이 외치던 '우리의 도덕'과 '우리의 주의'를 만들기는커녕 모두 외국의 것으로 대체하고 말았다. 오늘날 우리에겐 '통일에의 신바람'이 필요하다. 신바람은 오랫동안 막히고 정체된 문화를 개혁과 혁명으로 이끌어나갈 에너지원이 될 것이고, 목표지향적인 삶을 추구하게 할 것이다.

신바람이 없이는 국가통일과 같은 거대규모의 미래지향적인 사업을 성취할 수 없다. 우리의 신바람이 의식주의 해결과 서구모방의 제도를 넘어 철학적 시선으로 스스로 선진국에의 비전을 갖게 될 때 통일한국이 실현될 것이다. 남북한은 아직도 합의된 통일철학과 통일방안을 구비하지 못하고 있다. 제2차 북·미회담(하노이, 2월 27~28일)은 '북한의 비핵화'에 합의를 이루고 민족번영의 길로 들어설 절체절명의 기회이다. 이 기회를 놓치면 또 다른 비극이 기다리고 있을지 모른다.

인간은 누구나 자기가 소속된 국가에 충성할 의무가 있다. 왜냐하면 자신의 삶 전체를 담고 있는 그릇이 국가이기 때문이다. 가까운 예로 국가가 없으면 패스포트도 없고, 세계를 여행할 자유마저 잃게 된다. 국가의 은덕은 별것 아닌 것 같지만 한 번 국가를 잃어보면 그 소중함을 알게 된다. 우리 민족은 일제 때 이미 그것을 뼈저리게 경험했다.

지금 대한민국에 필요한 것은 무엇일까. 한일까, 멋일까, 신일까. '한'은 과거지향적이고, 퇴행적이다. '멋'은 현재에 충실함으로써 기술과 예술로 세련된 문화를 만든다. '신'은 신바람과 자신감을 통해 문화를 미래지향적으로 이끌어간다. 가장 경계해야 하는 것은 '한'에 빠지는 것이다. '한'의 이면에는 분노와 질투와 비생산성이 있다. 우리는 지금 평화통일과 함께 선진국으로 향하느냐, 다시 외세의 개입과 분열로 국난을 자초하느냐의 '새로운 구한말'에 서 있다.

(청심청담, 2019년 2월 12일)

# 4

## '열린 기독교'로 남북통일을

　최근에 한반도를 둘러싸고 세계 권력의 양극이 그 단말마적 결전을 하는
여러 신호와 굉음을 들을 수 있다. 중국은 아직도 전근대적인 영토야욕에
빠져 동아시아의 역사를 왜곡하고 있으며, 일본은 군국주의의 부활을 국민
들에게 부추기고 있는 꼴이다. 한국은 중국과 일본의 방해와 이해관계 속
에서 남북통일을 달성하여야 하는 역사적 과제를 안고 있다.

　아시아태평양 시대의 전개를 앞두고 한·중·일(韓·中·日)의 경제공동체
를 이루어야 하는 마당에 각국의 태도는 시대정신을 역행하고 있다고 해도
과언이 아니다. 현재 실질적으로 세계제국을 이끌고 있는 팍스아메리카는
21세기에도 패권을 유지하기 위해서 한·중·일의 정세를 관망하고 요리하
고 있다.

　역사의 주도권이 탁상공론으로 이루어지는 것은 아니다. 이러한 권력의

양상은 어제오늘의 것만이 아니다. 인간의 역사라는 것이 그렇게 전개되어 왔다고 하는 편이 옳다. 가장 중요한 것은 오늘날 역사의 중심이 동북아에 와 있다는 점이다. 그 한복판에 한국이 있다는 사실이다. 아무튼 미래 인류는 동북아의 역사적 패권경쟁과 그 결과를 통해 판세가 결정될 것이다.

현재 공산사회주의를 표방하고 있는 나라의 핵심은 중국과 북한이고, 두 나라의 동맹과 연계는 아무튼 사회주의의 마지막 버팀목으로 지구상에 잔존하고 있다. 자유·자본주의와 공산사회주의가 한바탕 결전을 치른 것은 이미 오래고, 중국도 살아남기 위해서 자본주의를 배우고 자본주의경제를 도입하고 상부구조만 마오이즘(Maoism)을 유지하면서 정경분리정책을 취하고 있다. 중국은 현재 정치와 경제에서 공산당 귀족체제를 구축하고 있다.

이러한 국제정세 속에서 통일을 이루어야 하는 한국으로서는 참으로 현명한 판단과 열린 자세로 역사의 급류를 헤쳐가야 하는 형국이다. 분명히 동북아를 중심으로 역사전개의 운세가 온 것은 사실이고, 이러한 기회를 통일로 이끌어야 하는 국민적 지혜가 요구된다.

신라가 삼국통일을 이룰 때는 한·중·일에서는 불교가 주도적인 이데올로기로 작용하고 있었고, 그 가운데 원효의 '화쟁(和諍)사상'과 의상의 '화엄(華嚴)사상'은 통일을 이루는 사상적 기반과 저력으로 떠올랐다. 단순히 불교가 통일을 이루게 했다고는 말할 수 없다. 불교 가운데서도 '열린 불교'라고 할 수 있는 '화쟁'사상이 있었기에 우리민족은 통일을 감당할 수 있는 사상적 그릇을 마련한 셈이었다.

오늘날은 아무래도 서구중심으로 세계사가 전개된 지 오래고, 따라서 기독교 사상을 중심으로 통일을 기대하지 않을 수 없다. 문제는 삼국통일 때도 '열린 불교'가 그 역할을 담당하였듯이 오늘날도 '닫힌 기독교'가 아니라 '열린 기독교'라야 된다는 점이다.

오늘날 한국에서 '열린 기독교'라면 어떤 기독교인가. 대부분의 보수기독교단들은 현재 종파이익에 혈안이 되어 있고, 스스로의 문을 닫고 있는 경우가 많다. 삼국통일의 '화쟁'사상에 견줄 수 있는 사상이 마련되어 있어야 남북통일이 기여할 것인데 아무리 훑어보아도 일관된 체계를 가진 사상체계는 문선명 선생의 '통일사상'과 '두익(頭翼)사상'밖에 달리 특별한 사상이 없다.

'통일사상'은 이미 대승(大乘)기독교, 열린 기독교로서 세계사에 영향을 미쳤고, 또는 민족사적으로도 '한 민족'임을 과시한 지 오래다. 지구상에서 공산주의를 붕괴시키는 데에 최전선에 있었으며, 소련의 해빙을 이끌었다. 민족 내부적으로도 북한과의 관계에서도 전향적인 자제를 취하면서 세계사와 국내사에서 양면작전을 고수하였다.

통일이데올로기는 항상 좌우대립을 넘어서 제3의 이데올로기를 스스로 정립할 수 있을 때에 통일을 감당할 수 있다는 점을 명심할 필요가 있다. 그런데 제3의 이데올로기는 좌우의 절충이 아니다. '두익'사상도 절충이 아니다. 절충이 아닌, 양자대립구조를 뛰어넘어 상대를 포용하면서 스스로를 지키는 능력을 가진 쪽에서 주도권을 가질 수밖에 없다. 그러한 점에서 한국은 매우 유리한 고지에 있다.

한국은 북한에 비해 세계문명사의 흐름을 순조롭게 타면서 현재 각 분야에서 선진국으로의 도약을 꿈꾸고 있고, 실제로 세계사에서 한국의 존재를 무시할 나라는 하나도 없다. 이럴 때에 우리의 저력을 바탕으로 주변국과의 원활한 실리외교와 통일에의 당위성을 각국으로부터 얻어내야 하는 것이 위정자들과 문화지도자들의 할 일이다. 무엇보다도 내부적으로 집단이기를 넘어서야 하는 것이다.

북한의 제 2인자였던 장성택의 사형소식이 급보로 전해지면서 한국과 세계는 다시 한 번 북한 전체주의의 악몽에 시달리고 있다. 김일성 왕조, 김일성 세습체제 등 여러 이름으로 풍자되는 북한의 3대 세습체제는 분명히 시대를 역행하고 있다. 문제는 중국이 언제까지 사회주의 동맹체제를 존속시킬 것이냐에 있다.

북한체제를 두고 우리는 남의 일처럼 비난만 할 만한 위치에 있지 않다. 북한은 불과 60, 70년 전만 해도 우리민족이었기 때문이다. 한민족의 역사 속에서 어떤 속성이 지금의 북한과 같은 체제를 만들었고, 그러한 극도의 억압체제, 정보감시체제, 최악의 연극사회를 반백년 이상 유지케 했는지, 민족적으로 반성해야 할 일이다. 남한 사람들에게도 얼마간 그러한 문화적 인자들이 있을 것이기 때문이다.

김정은 체제는 앞으로 더욱더 경직될 가능성이 높다. 그러한 점에서 평화통일을 이루어야 하는 한민족으로서는 걱정거리가 아닐 수 없다. 그러나 우려가 전화위복이 되어서 통일에의 길을 앞당길지도 모른다. 내년은 갑오년(甲午年)이다. 우리나라에 내려오는 비결(祕訣)에 내년 갑오년과 내후년

을미년을 두고 '오미락단단(午未樂團團)'이라고 한다.

"오미년에 즐거움의 실마리가 되는 단결이 이루어진다는 뜻으로 남북통일의 계기가 마련된다."는 뜻이다. 이와 더불어 한국에는 이미 훌륭한 현철이 많이 태어났다고 한다. 새해에 기대해보자.

(청심청담, 2013년 12월 24일)

# 5

## 동양평화론에서
## 제5유엔 사무국까지

안중근 의사가 잠들어 있는 뤼순 감옥을 최근 다시 찾을 기회가 있었다. 비록 남의 나라 땅에서 '기념관'이라는 명패는 달지 못했지만 조촐한 기념관 겸 분향소도 마련되어 있었고, 이웃에는 만주에서 독립운동을 전개한 우리 독립투사들의 흉상과 관련 자료들이 전시된 공간도 새롭게 마련되어 있었다.

낯선 이국이지만 안 의사는 예전보다는 한결 대접받은 느낌이었다. 아마도 항일독립운동을 함께 한 중국 측의 배려가 있었던 것 같다. 안중근 의사를 비롯해서 이회영, 신채호 등 독립운동을 상징하는 인물들에 대한 중국 측의 존경과 현창의지를 읽을 수 있었다. 상해 임시정부가 리모델링된 것과 같은 한중간의 우호적인 분위기와 맥락의 소산이다.

역사적으로 강대국에선 영웅호걸은 태어나도 성인은 태어나지 않는다.

성인은 항상 약소국 아니면 식민지에서 태어났다. 예수도 로마 식민지였던 유대 나라에서 태어났고, 공자도, 석가도 강력한 패권국가의 백성은 아니었다. 성인은 전쟁과 권력의 폭력에 맞서는 고난의 환경에서 생성되는 최고의 인격이면서 신격 일 가능성이 높다.

안중근의사의 동양평화론도 이토 히로부미의 저격과 재판에 이어 사형을 앞두고 세상에 주창된 것이었다.

인간은 자연의 생존경쟁에서 만물의 영장이 된 후 자기 종간의 권력투쟁(전쟁)으로 삶의 방식을 전개한 특이한 생물종이다. 그래서 인류사는 크고 작은 전쟁으로 점철된 역사였다. 수많은 나라가 역사의 재물이 되어 명멸해갔다. 그런 가운데 인류평화 사상도 발전되었고, 평화에 대한 인식도 전쟁의 필요만큼이나 절실하게 되었다.

안중근 의사의 동양평화론은 당시로서는 매우 선각자적인 인류평화사상으로 당시 세계평화의 금자탑임을 새삼 느꼈다. 뤼순감옥의 안 의사의 유물유적은 동양평화를 갈망하는 한중일 삼국의 후예들의 산 교육장으로 육성되어야 할 것이다. 안 의사는 작은 예수와 같은 인물이었다. 비록 이토 히로부미를 암살했지만 일본의 간수들과 재판관들도 안 의사의 결의와 위엄 앞에 고개를 숙였다.

중국 대륙의 수억의 사람들이 해내지 못한 일제 원흉에 대한 저격을 약관 31살의 청년이 해냈다는 것에 대해서 대륙전체가 자성의 분위기에 빠졌다고 한다. 안중근 의사의 암살성공은 블라디보스토크 독립운동가와 단지동맹의 승리였다.

안중근 의사의 동양평화론은 뤼순을 한중일 3국의 군항으로 삼고, 이곳에 '평화회의'를 조직하자는 주장과 함께 공동화폐의 사용과 공동군단 구성 등 실질적인 내용을 하고 있어, 국제연합의 발상보다 10년은 앞선 구상이었다는 평가도 나오고 있다.

조선은 비록 작은 나라였고, 평화를 애호하는 백성들이었지만, 일단 나라를 잃자마자 의병의 나라의 전통을 이어 독립운동을 전개하였고, 일제는 다 삼켜버렸던 것 같던 조선의 끈질긴 저항과 독립운동에 발목을 잡히면서 대동아공영권의 실현에 결정적인 타격을 입게 된다.

제국주의는 자신이 세계를 지배하고 경영해야 평화가 이루어진다는 패권주의를 특징으로 한다. 그래서 인류는 역설적으로 평화를 위해 전쟁을 벌여야 했다. 일본의 대동아공영권도 최악의 방법이긴 하지만, 오늘날 '바이 아메리카'나 '바이 차이나'정책과도 본질적으로 다른 것은 아니다. 종과 종간의 생존경쟁을 종 내부의 권력투쟁으로 바꾼 인간집단은 핵무기 등 가공할 무기의 등장으로 이제 항구평화안을 마련하지 않으면 언제 공멸할지 모르는 위기에 있다.

공교롭게도 인류문명은 원시반본의 양상을 보이면서 한국을 중심으로 세계열강이 포진하여 있고, 한국은 문명국 가운데는 세계 어느 나라보다 평화를 존중하는 나라라는 것에 초점을 맞추어 보면 오늘날 한국의 역할이 더욱 분명해진다.

한민족은 역사 이래 수천 번의 외세침략을 받으면서도 평화사상을 지켜왔다. 한국인의 평화주의의 연원은 어디서 시작하는가. 고대 동이족의 문명으로 보이는 홍산문명이 중국 요하를 중심으로 발굴되고 있고, 그러한 사회는 모계사회 였던 것으로 짐작되고 있다. 우리민족의 집단심리에는 모계나 여성성을 바탕으로 평화적인 공동체에 대한 기억이 있을 것만 같다.

남성적인 정복지배사상을 기조로 하는 한, 인간사회는 전쟁의 아비규환에서 벗어날 수 없다. 우리는 흔히 한국의 철학사상으로 홍익인간 이화세계를 주장하지만, 그 이전에 자연발생적으로 원시고대문명을 이룬 한민족(동이족)은 오래 동안 동북아시아 일대에서 부족연맹체를 유지하면서 평화를 유지하면서 살았던 것 같다.

당시 사람들은 어떤 경전을 근거로 살았을까 하는 의문에 이르게 된다. 천부경은 우리나라에 전해 내려오는 경전이다. 천부경은 인류의 경전 중의 경전이요, 바탕경전이다. 소위 동양의 무(無)사상은 물론이고, 하늘(하느님)사상을 표방한 경전이다. 인류사적으로 천부경은 유불선기독교의 근본경전에 해당된다고 해도 과언이 아니다.

한국의 천부경에 대한 소문은 일찍이 유럽에도 전해져 독일의 세계적인 철학자 하이데거도 접했던 것 같다. 서울대 철학과 박종홍 교수가 전주에서 있었던 한 강연회에서 털어놓은 고백에 따르면 하이데거는 프랑스를 방문한 박종홍 교수를 융숭히 대접했다고 한다. 박 교수는 자신이 하이데거 철학을 공부했기에 그것을 존중하는 줄 알았는데 뜻밖에 다른 말을 말했다고 한다.

"내가 당신을 초청한 이유는 당신이 한국 사람이기 때문입니다. 내가 유명해지게 된 철학사상은 동양의 무사상인데 동양학을 공부하던 중 아시아의 위대한 문명발상지는 한국이라는 사실을 알게 되었습니다. 그리고 세계 역사상 가장 완전무결한 평화적인 정치로 2천 년이 넘은 장구한 세월 동안 아시아 대륙을 통치한 단군시대가 있었음을 압니다. 그래서 나는 동양사상의 종주국인 한국인을 존경합니다. 나는 무사상을 동양에서 배워 그 한 줄기를 이용해 이렇게 유명해졌지만 아직 당신들의 국조 한배검님의 천부경은 이해를 못하겠으니 설명해주십시오."

그렇게 말하면서 천부경을 펼쳐 놓았다고 한다. 한국의 유명한 철학과 교수이니 당연히 천부경 철학을 잘 알고 있으려니 했던 것이다. 그런데 박종홍 교수는 말만 들었지 천부경에 대해서는 아는 바가 전혀 없었단다. 그래서 아무 말도 못하고 돌아왔단다.(한국전통사상연구소 문성철 원장의 증언).

역사적으로 수천 년을 평화적으로 세계를 경영한 민족이나 국가는 없다. 역사운명적으로 평화에 대한 남다른 염원과 문화적 DNA를 가질 수밖에 없는 한국인들은 오늘에도 동양평화론의 전통을 계승해 유엔을 비롯한 국제기구 등에서 세계평화운동에 대한 남다른 지혜를 발휘하고 있다.

현재 강대국 중심의 유엔을 평화를 중심으로 하는 유엔으로 바꾸는 것은 인류의 과제이다. 그러기 위해서는 인류가 만들어놓은 종교의 장벽, 국가의 장벽, 철학과 사상의 장벽, 인종의 장벽을 모두 허무는 작업이 필요하다.

오늘날 한국이 벌이고 있는 제 5유엔의 한국유치운동 등은 남북분단의 첨예한 대치 속에 있는 한국이 사태를 역전시켜 통일을 이룸은 물론이고,

통일사상이 세계적인 평화사상으로 연결되어야 함을 보여주는 빛나는 사례라고 할 수 있다.

(청심청담, 2015년 9월 15일)

# 6

## 제 5 평화유엔으로
## 북한 핵 막고 통일 달성해야

새해 벽두에 날아든 북한정권의 수소폭탄 발언은 정가를 잠시 핵공포, 핵 논란에 휩싸이게 했다. 미국의 전술핵 재배치를 비롯해서 남한도 핵을 만들어야 한다는 의견마저 불거졌다.

전술핵 재배치 발언은 현재 일본 오키나와에 있는 미군의 전술핵을 굳이 한반도에 들여와서 북한의 핵무기개발의 정당성을 추가한다는 점에서, 또한 유사시에 한반도에 있는 것이나 차이가 없다는 점에서 잠시 흥분한 공론에 불과한 것으로 보인다.

핵무기를 만들자는 발언은 우리도 핵무기를 제조할 능력이 있음을 과시하는 애교 섞인 선언적 의미로 받아들여진다. 핵 평화라는 말도 있긴 하다. 말하자면 핵을 보유하고 있으면 적이 함부로 전쟁을 도발하지 못하기 때문에 평화를 달성할 수 있다는 취지의 말이다. 논리적인 면이 있지만 현실성이 부족하다.

현재 세계는 '핵무기확산금지조약(NPT) 체제' 속에 있다. 현재 NPT로부터 공식적으로 인정받은 핵 보유국가는 미국, 러시아, 중국, 프랑스, 영국 등 5개국이며, 이들은 모두 수소폭탄 보유국가이기도 하다. 인도와 파키스탄은 비공식적으로 국제사회에서 핵보유국가로 인정되는 국가이고, 이스라엘은 보유국가로 추측되고 있다.

남아공, 이란, 아르헨티나, 브라질이 핵개발을 추진했으나 남아공은 1990년에, 이란은 2004년에 포기를 선언했고, 아르헨티나와 브라질은 이미 1988년 핵개발을 철회했다. 현재 북한만이 핵개발을 계속하고 있다. 북한의 수소폭탄 발언은 수소폭탄을 보유해야 실질적 핵보유국가로 들어갈 자격이 있다고 보았는지도 모른다.

태평양 전쟁 때 일본의 히로시마와 나가사키에 떨어진 핵폭탄을 제외하고 현재 지구상에서 전쟁에 직접 사용된 핵무기는 없다. 결국 핵무기는 현실적으로 사용할 수 없는 무기인 셈이다. 핵무기는 운반체를 포함해서 한 나라의 과학의 수준과 국가위용을 과시하는 무기인 셈이다.

북한의 수소폭탄 문제와 관련된 정객의 발언 가운데 가장 주목을 받는 것은 김을동 위원의 '제 5유엔(사무국)' 발언이다. 말하자면 핵을 핵으로 막는 것이 아니라 평화로 막자는 역발상인데 그것이 가장 유효하고 실익이 있을 가능성이 높다는 점에서 주목된다.

김을동 새누리당 최고위원은 지난 14일 "(우리가) 핵 개발도 못하고 전술핵 배치도 못한다면 한반도에 (북핵 대응을 위해) 유엔 사무국을 유치할 필요성이 있다.”고 주장했다. 김 최고위원은 지난해 4월 주(駐)유엔 한국대표부를 통해 반기문 유엔사무총장에게 ‘한반도 내 유엔 사무국 유치’를 제안하는 서한을 보낸 바 있다. 김 최고위원은 지난해 5월에도 오바마 대통령에게 보낸 서한에서 “6·25 당시 미국의 참전용사들이 목숨 걸고 지킨 한반도의 자유와 평화를 영구히 정착시키기 위해서는 절대로 전쟁이 일어나서는 안 된다.”며 “전쟁 가능성이 가장 큰 한반도에 유엔 사무국을 설치하는 것이야말로 전쟁을 억제하고 평화를 수호할 수 있는 가장 실효적인 방법”이라고 주장했다.

북한의 핵공포에 휩싸여 있는 세계로서는 북한을 달랠 수도 있고, 또한 북한의 핵개발에 대항하는 남한의 핵개발 여론(국력상승에 따른)을 항구적으로 막을 수도 있는 대안이기 때문이다. 더욱이 제 5유엔(별칭, 제 5평화유엔)은 북한의 핵개발의지를 국제기구의 설립으로 막을 수 있는 기발하고도 현실적인 평화적 대안이면서 사태를 역전시킬 현대판 ‘별주부전(鼈主簿傳)의 토끼의 안’으로 떠오르고 있는 것이다.

세계는 21세기의 시작과 더불어 대서양시대에서 아시아태평양시대로의 전환을 맞고 있다. 제 5유엔의 아시아 지역 설립은 세계 인구의 60%를 차지하는 ‘아시아의 차별’을 불식시키는 것은 물론이고, 시대흐름을 따라가기 위해서라도 세계가 받아들이지 않을 수 없는 최적의 프로젝트이다.

현재 유엔본부는 미국 뉴욕에 있으며, 스위스 제네바, 오스트리아 빈, 케냐 나이로비에 유엔 사무국이 있지만 아시아에서는 아직 사무국이 없는 형편이다. 아시아에 유엔이 들어선다면 한국은 물론이고, 중국, 일본, 태국

등 여러 나라가 경합할 것임에 틀림없다. 이들 나라는 나름대로 유치이유를 댈 수 있을 것이다.

제 5유엔이야말로 핵공포의 위기를 평화의 기회로 만드는 기발한 안이다. 현재 유엔 4개 중 3개가 구미에 있으며, 아프리카 나이로비에 제 4유엔이 생긴 것은 환경문제가 인류의 초미의 관심사가 됨에 따라 지난 1996년에 생긴 것이며, 이제 냉전시대의 완전한 종식과 지구촌의 항구적인 평화의 문제가 대두된 지금, 인류공멸의 문제를 극복하기 위해서 아시아 지역에 유엔의 설립을 시대가 요청하고 있는 것이다. 그래서 제 5 유엔은 평화유엔이 되어야 한다.

그 가운데서도 한국이 유리한 것은 지리적으로도 아시아경제의 중추적 역할을 담당하고 있는 한중일(韓中日)의 중간에 있을 뿐만 아니라 경제적·역사적·문화적 위치에 있어서도 그 허브에 있기 때문이다. 또한 강대국인 중국이나 일본의 어느 한편에 두어 패권경쟁의 도구가 되게 하기 보다는 한국에 두는 것이 아시아와 세계평화에 도움을 줄 가능성이 높기 때문이다. 냉전의 마지막 결전장인 한국에 유엔을 설립하는 것은 세계사적으로도 냉전시대를 청산하는 의미와 함께 남북통일의 안정적 기반확충과 세계평화를 상징적·실질적으로 달성한다는 의미가 있다.

제 5유엔 안은 미국과 중국, 러시아와 일본 등 한반도를 둘러싼 열강들(현재 6자회담 참가국)에게 있어서도 자국의 이익을 크게 손상 받지 않으면서 상대를 견제할 수 있는 서로를 소통하게 하는 중립 안으로서 실질적으로(법률적으로는 아니지만) 통일한국을 중립국가로서 자리매김하는 효과를 거둘 수 있는 안이기 때문이다.

제 5유엔 안은 북한의 핵개발을 막아야 하는 절체절명의 딜레마에 빠져 있는 미국으로서는 북한을 달랠 수 있는 안이기도 한다. 왜냐하면 북한의 핵개발의 실질적 목적은 북한정권의 유지와 미국의 공격을 제어하는 데에 있기 때문이다. 예컨대 한반도의 비무장지내나 휴전선 일대, 혹은 남북한의 중간지역에 평화유엔이 들어선다면 유엔 자체가 볼모가 되기 때문에 미국으로서는 결코 전쟁을 일으킬 수 없다는 안전보장이 되기 때문이다.

한중일(韓中日) 삼국 중에 아시아 유엔이 설립되어야 하는 가장 훌륭한 요건을 갖춘 나라로서 한국이 등장하는 까닭은 첫째, 무엇보다도 한국은 유엔의 승인과 감시 하에 정부수립을 하였다는 점에 있다. 유엔에 의해 수립된 나라가 유엔의 지부를 설립한다는 것은 참으로 유엔의 역사에서도 자랑일 뿐만 아니라 유엔에 대한 보답의 의미도 있다.

제 5유엔 안은 한국을 실질적으로 중립국으로 만드는 안이면서 세계평화를 달성할 수 있는 가장 지름길의 안이다. 현재 정부가 추진하고 있는 비무장지대 평화공원 안은 북한의 동의가 전제되어야 하는 안이다. 평화공원 안은 통일 후의 사업으로 미루고, 제 5유엔 안으로 평화통일의 물코를 트는 것이 일의 순서일 것이다.

아시아태평양 시대를 맞아서 한반도에 유엔을 유치함으로써 한국의 국제적인 위상을 높일 수 있다는 점도 요긴하다. 이렇게 되면 세계인의 눈이 두려워서라도 북한은 전쟁을 도발할 수 없음은 물론이고, 저절로 세계평화 무드와 함께 남북통일도 점차 가까워지게 될 것임은 불을 보듯 뻔하다.

한국에 유엔을 설립하는 것은 보답하는 의미와 함께 유엔정신의 완성의 의미가 있다. 제 3유엔인 오스트리아 비엔나 유엔이 냉전과 핵무기 개발 경쟁에 따른 인류멸망의 문제를 해결하기 위해 설립(1980년) 되었다면 제 5유엔은 인류평화를 정착시키는 유엔의 의미가 있다.

제 5유엔은 무엇보다도 냉전 종식과 남북한의 평화통일을 현실화하기 위한 '협의적 통일의 분위기' 성숙을 위해 필요한 것이고, 그 다음에 남북 통일에 이어 '세계평화의 확대', 그리고 지구촌 시대에 '인류의 복지증대'를 주제로 삼아야 한다. 인류의 복지증대에는, 예컨대 '유엔 사이버 인권기구' '유엔 장애인 인권기구' 같은 것이 포함되어야 한다.

유엔 본부 운영은 황금알을 낳는 거위에 비유되기도 한다. 유엔은 국제 기구산업이라고 불리는 신종 국제서비스산업으로서 세계가 탐을 내는 산업이 된지 오래다. 참고로 유엔을 운명하고 있는 스위스, 오스트리아, 케냐의 경우를 보면 이를 알 수 있다.

제네바 유엔을 운영하고 있는 스위스는 연간 2조 원, 비엔나 유엔을 운영하고 있는 오스트리아는 1조3천억 원, 나이로비 유엔을 운영하고 있는 케냐는 4천억 원의 수익을 올리고 있다. 한국에 유엔이 유치될 경우 경제적 효과는 대체로 2조원에 이를 것으로 전망된다.

유엔 이익금의 절반, 아니 전부라도 북한에 주어서 평화통일과 인류평화에 기여한다면 한민족으로서는 이보다 더 보람 있고, 즐거운 일은 없을 것이다.

(청심청담, 2016년 1월 26일)

# 7

## 문벌가국과 재벌가국의 사이에서

필자는 오늘의 한반도 정치현실을 '국민 없는 국가'(북한)와 '국가 없는 국민'(남한)으로 말한 적이 있다. 이는 남북한에 제대로 된 국가가 없다는 말이다. 이를 좀 더 소급하여 조선조에 이르면 조선후기는 문벌가국(文閥家國)이었다. 이 때 '가국'이라고 함은 '국가'보다는 가문이나 문중이 우선이었다는 뜻을 내포하고 있다. 지금도 한국은 족벌주의에 빠져있다.

조선조는 국가보다는 문벌 간에 당파싸움을 하다가 열강들의 제국주의 경쟁의 와중에서 일제식민지가 되었다. 조선조를 관통하는 정신은 중국 사대주의이다. 이것이 일제를 거쳐 더욱 악화되어 이제 사대-식민체질이 되어버렸다. 오늘도 사대주의는 부지불식간에 우리 지식권력엘리트를 지배하고 있다. 엘리트들은 국민이 안중에 없다.

해방 후 남북한은 서로 다른 길을 길었다. 소련의 후원아래 건국된 북한은 일찍이 남한보다 발전한 중공업을 토대로 남한보다는 유리한 입장에서 산업화를 이끌어 1970년 중반까지는 남한보다 국민총생산이나 소득에서 앞섰다. 정확하게 1975년부터 이것이 역전되기 시작했다. 이에 비해 남한은 1960년대와 1970년대에 이룬 경제개발계획과 산업화의 성공 덕분에 1980년대와 1990년대에 지속적인 성장을 이루었다.

　남한이 경제적인 충격을 받은 것은 김영삼 정권 말기에 자초한 국제통화기금(IMF) 외환위기(1997년)였다. 그 여파로 수많은 공장이 문을 닫고 국가재산은 절반으로 줄었다. 민주화세력은 산업화를 견인한 군사정권세력들을 독재세력으로 몰아세우고 국가발전을 민주화세력의 공으로 독식하려 했다. 이에 산업화와 민주화세력의 다툼은 당쟁으로 변모했다. 그 결과 내우외환(內憂外患) 성격의 IMF사태를 맞은 것이다.

　김영삼의 '문민정부'의 문벌적·위선적 민주화는 역설적으로 산업화로 쌓아올린 한국경제를 타락시켰고, 김대중의 '국민의 정부'는 햇볕정책 하에 남북체제경쟁을 희미하게 했다. '민주-민중'의 연합세력은 물론 그 후 보수정권도 민생을 외면했고, 지금도 제 4차산업화의 기회를 탕진하고 있다. 90년대 초반까지 한국경제는 산업화덕분에 임금과 고용 면에서 소득증가와 기회균등의 건전성을 유지했는데 90년대 중반부터 악화되기 시작했다. 이것이 지난 20년간 사대적 민주화의 허상이다.

　민주-민중운동권 세력들도 집권을 하고부터 점차 보수-기득권세력이 되어갔고 말로만 진보였다. 최근에 벌어진 일련의 사태는 보수가 타락한 나머지 자기배반을 한 사건이다. 특히 법조의 타락이 국회의 타락을 가져오고 정치는 실종된 지 오래인데 대통령후보군이 13명에 이르고 있고, 이중 6명은 지자체단체장이거나 시장이다. 이만큼 국가가 사분오열되고 지리멸렬해 있음을 말해주고 있다.

조선조에서 오늘날까지 한반도 역사를 싸잡아서 말하면 '문벌가국'에서 북한은 '세습왕조전체주의국가'로 최악으로 후진했고, 한국은 산업화와 국가 만들기(nation building)를 거쳐서 제법 근대국가다운 모습을 갖추는가싶더니 최근에는 국가 없이 재벌만이 득세한 '재벌(기업)가국'이 되어버렸다. 이는 재벌해체의 빌미를 제공하고 있다.

한국에는 지금 세계적인 기업으로 성장한 10대 재벌 군이 있다. 재벌들은 경제성장의 이익을 독신한 채 재투자도 제대로 하지 않고, 저축만 하고 있다. 경제가 제대로 돌아가려면 기업이 주식발행이나 부채로 산업자금을 마련하고 생산을 하여 이익을 창출하고 이익을 임금으로 국민에게 되돌려주어야 원칙이다. 그런데 도리어 대한민국은 기업이 저축하고, 국민은 '저임금과 저소득'으로 희생당한 채 은행부채만 안고 있는 기형적인 나라가 되었다. 과거 '문벌'들이 나라를 망쳤듯이 오늘날 '재벌'들이 나라를 망치고 있는 것이다.

세계적 기업들이 된 재벌들은 국민의 희생위에 자신들이 성장한 사실을 잊어버리고 재벌과 재벌귀족(대기업임직원)만 만든 셈이다. 지금 재벌기업에 들어가지 못한 국민은 2등, 3등 국민이 되어있고, 청년들은 비정규직 일자리도 얻기 어려운 처지에서 '자포자기세대'가 되고 있다. 재벌의 자성과 국면대전환이 요구된다. 산업화세력마저 고질적인 문벌주의에 오염되어 재벌주의로 타락하였음을 보게 된다.

겉모양은 경제협력개발기구(OECD)국가로 그럴듯하게 포장되어 있지만 속내는 조폭집단처럼 국가사회운영을 하고 있는 대한민국. 가진 자가 못 가진 자를 억누르고, 기성세대가 젊은 세대를 억누르고, 남성이 여성을 억누르는 그런 폭력사회의 모습이 우리 사회 곳곳에서 목격된다. 우리사회의 '갑질 논쟁'이 불거진 것도 이러한 단면이다. 국민대반성의 시간을 갖지 못하면 한국은 어느 날 통일도 이루지 못한 채 남미처럼 열등국으로 전락해 있을 것이다.

세계에서 삶의 환경이 가장 열악한 북한은 그야말로 '북한 지옥'이다. 그런데 이에 못지않게 북한과 체제경쟁 중인, 남한의 젊은이가 '헬 조선'을 외치고 있다. 북한과 남한이 모두 '헬(지옥)'을 외치고 있는 셈이다. 우리는 흔히 "삼성이 망하면 나라가 망한다."고 걱정한다. 그렇다면 정반대로 삼성과 같은 재벌들이 국민과 함께 하는 재벌이 된다면 대한민국은 새롭게 재도약할 수 있다는 말이 된다. 역사는 항상 동시에 두 길을 제시한다.

(청심청담, 2017년 3월 28일)

# 8

## 미·중 정상회담과 한민족의
## 정치·문화적 독립

　구한말 조선은 구미열강과 일본제국의 침략에서 독립국을 유지하기 위해 안간 힘을 썼다. 그러나 마지막 남은 것은 일본식민지가 되는 길뿐이었다. 친러파, 친청파, 친일파, 친영파, 친미파 등 여러 당파들로 세력균정과 거중조정을 하려했지만 끝내 실패하고 말았다. 자신을 지킬 힘이 없는 약소국이 제국들을 상대로 허브역할을 하겠다는 것은 언감생심인 것이다. 한반도의 지정학적 위치가 그렇더라도 힘과 중심이 있어야 그런 중간자의 역할을 할 수 있는 것이다.

　조선의 내부분열은 도리어 열강들의 좋은 먹잇감이 되기에 충분했다. 더욱이 조정(朝政)의 실패와 관리들의 가렴주구에 시달리던 농민들은 동학란을 일으켰다. 그 결과는 설상가상으로 일본제국군대의 반도상륙을 앞당길 따름이었다. 동학농민들의 일부는 차라리 일본 통치를 원했고, 후에 상당

수가 일진회에 가입하기도 했다. 내우는 궁극적으로 외환으로 통했다.

지금은 어떤가. 태평양전쟁의 부산물로 맞은 한반도의 해방과 광복은 남북분단을 가져왔고, 6.25동족상잔을 거쳐 북한과 남한으로 분단되어 지금가지 단말마적 체제경쟁을 벌이고 있다. 우리는 아직도 근대적 문화정체성 수립은 고사하고, 자신의 정체성을 도리어 당쟁에서 찾고 있는지 모른다. 구한말 한반도를 일본의 수중에 들어가도록 합의한 것은 미국과 일본이 맺은 '태프트-카스라 밀약'이었다. 청일전쟁과 러일전쟁의 승리로 일본은 욱일충천하고 있었고, 뒤늦게 열강의 대열에 뛰어든 미국은 필리핀을 수중에 넣은 대신 한반도를 일본에 허용하였다. 일본의 조선병탄은 그렇게 이루어졌다.

지금 미국과 중국은 한반도를 요리하고 있다. 세계 제 2의 경제대국으로 성장한 중국이 당시 일본의 자리를 대신하고 있다. 중국은 공산소비에트 퇴진 후 미국과 함께 양극체제를 구축하고 있다. 미국과 중국은 직접 맞부딪히는 것을 막기 위해 남북한을 입술로 이용하고 있는 셈이다. 한국이 제안한 '6자회담'은 도리어 열강의 간섭을 자초하는 데 그쳤다. 중국의 자국이익주의와 이중적인 태도는 시간만 허비한 채 북한을 핵보유국에 이르게 했고, 북한의 핵보유는 결국 핵확산금지조약(NPT)체제를 무력화하기에 미국이 급해졌다.

북한의 핵시설과 정치심장부에 대한 국부공격(surgical strike)의 조짐이 일고 있는 가운데 미중정상회담이 열렸다. 미중정상의 합의문은 발표되지 않았지만 중국은 경제적 실리를 챙기고, 미국은 북한 직접공격을 통보하는 기회(미중북핵억제협력합의)를 얻은 것 같다. 북한핵은 이스라엘이 시리아의 핵시설을 공격한 것 이상으로 미국으로선 결코 용납할 수 없는 위험이다. 결국 통일은 고사하고 한민족이 스스로의 문제를 스스로 해결할 수 없는 상황에 처한 것은 백 년 전이나 마찬가지이다.

남북분단의 고착화와 체제경쟁의 악화도 결국 한민족의 내부문제로 보면 당쟁의 연속이다. 한국으로부터 경제개발의 아이디어와 시장경제를 배운 중국이 사드-경제보복을 하는 것은 국제역학관계의 냉엄함을 보여준다. 미국과 중국 사이에 제 2의 '태프트-카스라 밀약'같은 일이 벌어지고 있을지 염려된다.

한민족은 스스로는 잘 난 것 같지만, 실은 강대국의 틈바구니에서 여전히 사대-식민주의의 틀을 벗어나지 못하고 있다. 정치·문화적으로 독립하지 못하는 것은 물론이다. 지금 한국의 지식인과 권력엘리트들은 문화전반에서 철저히 서방선진국의 기술제도모방에 만족하는 한편 일부에서는 이미 중국 사대주의로 선회하고 있는 징조를 읽을 수 있다. 일련의 현상들은 결국 미국과 중국의 사대-식민을 스스로 내면화하는 꼴에 지나지 않는다.

오늘날 한국인의 정치·문화적 발상은 그 자체가 이미 사대-식민지적 맥락에 빠져있다. 그러면서도 그것을 스스로 인식하지 못하거나 기만한 채 국내적 권력경쟁(당쟁)과 심각한 족벌주의를 면하지 못하고 있다. 구한말의 상황과 다를 바가 없다. 혹시 오늘의 민중민주주의가 역사를 후퇴시키고 있는 것은 아닌지 의심해보아야 한나. 자유민수주의를 누리려면 창의와 모험이 반드시 필요한데 우리는 그것이 부족하다.

한반도는 항상 대륙세력과 해양세력의 분점유혹을 받고 있는 지정학적 조건에 있는 게 사실이다. 세계 동서남북문화와 무역의 교량인 한반도는 삼면이 바다이면서도 국토의 4분의 3이 산인 금수강산이기 때문에 세계열강의 눈독을 피할 수 없다. 따라서 강대국의 한반도 지배의지를 욕하기 전에 그만큼 이 땅이 가치가 있다는 사실을 자각해야한다. 과거 일본의 야욕이나 미국과 중국의 현재적 욕심을 '나쁘다'고 비난하기 전에 우리 국토를 보존하려는 의지와 지혜가 선행되어야 한다.

　지금 우리는 이 땅을 지켜 자손에게 물려줄 의무가 있는 것이며, 더 이상 전쟁터가 되는 것을 막을 의무와 지혜의 발휘를 요구받고 있다. 그런데도 이 땅의 대통령후보들은 강대국들의 자국이익주의와 음모와 밀약의 국제정세에 아랑곳 하지 않고 권력욕에 눈이 멀어있다. 오늘의 정치현실을 보면 동학란과 갑오경장(1894년), 명성황후시해(1895년), 아관파천(1896~1897)이 벌어졌던 갑오, 을미, 병신, 정유년의 역사가 파노라마처럼 중첩됨을 피할 수 없다. 19세기 근대화를 앞두고 벌어졌던 당쟁들이 21세기 제4차 산업혁명을 앞두고 또다시 재현되는 것 같은 두려움을 저버릴 수 없다.

(청심청담, 2017년 4월 12일)

# 9

## 축복과 저주의 갈림길에
## 다시 선 한민족

　서구가 주도한 근대가 인류에게 선물한 것은 과학과 기독교이다. 과학이라는 것은 자연을 이용하는 도구적 기술이고, 과학사회에 따르는 인간의 삶을 다스리기 위해 기독교는 재해석되어야 했고, 그것이 프로테스탄트 윤리였다. 기독교윤리는 근대사회에서 보편성을 획득하기 위해서 나름대로 노력하였지만, 기독교윤리 이외에도 인류는 근대정신을 계몽하는 철학을 필요로 했고, 이에 부응한 철학이 바로 칸트의 도덕철학이다.

　칸트의 도덕철학은 흔히 근대적 진선미를 새롭게 정립한 것으로 이해되고 있지만, 그보다는 과학의 세계를 어떻게 인간의 인식이 달성하였는가를 설명하는 것에 치중하였고, 이를 위해 인간의 인식의 한계설정을 통해 신과 사물 자체를 인식의 범주에서 제외시켰다. 이것이 바로 물리적 현상학(뉴턴물리학)을 뒤따라간 칸트의 철학적 현상학이라고 할 수 있다.

서구의 근대문명은 중세의 기독교라는 틀을 벗어났긴 했지만 여전히 기독교라는 접두어로 설명할 수 있다. 예컨대 기독교자유민주주의(자유자본주의)와 이것의 부작용으로 생겨난 기독교마르크시즘(공산사회주의), 그리고 기독교의 천동설을 극복하고 지동설의 과학세계를 열었지만 기독교의 실체론의 전통을 계승한 기독교과학주의를 들 수 있을 것이다.

기독교는 자유와 평등, 주인과 노예라는 극단적 이중성을 동시에 내포하고 있는 종교로서 역사상 항상 모순을 연출하였고, 그리스비잔틴정교(正敎)계통 지역이 공산권이 된 것은 이를 잘 보여준다. 서구자유자본주의와 동구공산사회주의의 체제경쟁은 구소련이 해체됨으로써 자유와 평등 중 자유가 인간의 본성과 욕망에 더 맞는 것임이 역사적으로 증명되었다.

필자가 보기에는 자유주의는 다양성을 인정하였다는 점에서 평등이라는 동일성을 강제한 사회주의를 이겼다고 여겨진다. 서구문명은 오늘날 많은 문제점을 노정하고 있고, 근본적으로는 인류에게 보편성의 이름으로 자신의 절대성과 동일성을 요구하는 폭력적인 문명이지만 그래도 자유라는 사상 때문에 오늘의 인류를 이끌고 있다고 생각된다. 이에 비해 평등은 처음부터 정치적 통제와 계획경제를 필연적으로 요구하게 되고, 이러한 집단주의는 개인의 자유와 창의를 구속하게 되어있고, 사회적 생산량 면에서 불리할 수밖에 없었다. 사회주의는 물심양면에서 삶의 하향평준화로 뒤안길로 사라졌다. 중국과 북한도 공산당의 권력만 남아있다.

한민족은 태평양전쟁의 결과로서 타의에 의해 해방되었지만, 남북한이 분단되는 것과 함께 삶의 방식에서도 공산사회주의와 자유자본주의를 받아들이지 않을 수 없었다. 오늘날 한민족이 직면한 시대적 과제를 이데올로기적으로 어느 체제가 단순히 우월하느냐의 문제가 아니고, 어느 체제를 중심으로 통일을 이루는 것이 미래 인류문명에 쉽게 적응하고, 문화능력을 확대재생산하는 데에 유리하느냐의 문제이다. 탁상공론과 당파싸움을 야기하는 시대착오적인 이데올로기의 늪(논쟁)에서 벗어나야 한다.

오늘의 남북한의 모습을 보면 성리학적 이단논쟁과 당파싸움, 예학논쟁으로 나라를 말아먹은 조선조의 선비들이 생각난다. 자유주의자든, 사회주의자든 어쩌면 하나같이 그렇게 닮았는지, 당파의 유전자를 떠올리지 않을 수 없다. 남의 손에 의해 해방된 한민족은 겉모양은 국가를 이룬 것 같지만 아직 근대국민국가를 이루지 못했음을 실감하게 된다. 이것이 단적으로 드러난 것이 북한의 '국민 없는 국가'와 남한의 '국가 없는 국민'이다. 국민국가를 이루지 못한 것이 한민족의 현실이다.

국민국가를 이루지 못하니 주변강대국들은 얕보고 우리 땅에서 자국의 이익을 경쟁하게 된다. 특히 동북공정으로 만주와 북한 땅의 영토야욕을 드러내고 있는 중국은 경계대상이며, 북한의 핵 주권주장을 피곤하게 생각하고 있는 미국 사이에 어떤 밀약이 있을지도 모른다. 한민족은 지금 축복과 저주의 갈림길에 있다.

근대서구문명의 장점인 과학과 민주주의와 시장경계를 잘 소화하고, 어느 것이 한국문화의 확대재생산에 유리하게 작용할 것인지에 대한 국민적 지혜를 모아야 한다. 대한민국의 정체성을 확실히 하지 않고서는 미래를 창조적으로 열어갈 수 없다. 좌파든 우파든 종북세력들에 끌려 다녀서는 역사적 역행을 면할 수 없다. 국민각자의 선택이 국가의 운명을 결정할 것이라는 점을 명심할 필요가 있다.

서구문명과 철학은 오늘날 매우 복잡다단한 양상을 보이고 있지만 우리의 문화문법으로 보면 결국 세계를 긍정하고 축복할 것이냐, 세계를 부정하거나 질투하고 저주할 것이냐의 문제이다. 그런데 우리는 지금 '저주의 굿판'에 빠져있다. 한민족에게 권하고 싶다. 마르크스를 배우기보다는 니체를 배우라고―. 마르크스는 노예의 철학인 반면 니체는 주인의 철학이기 때문이다.

마르크스와 니체는 서구문명이 근대에 탄생시킨 예수의 두 변종이다. 마르크스가 흑주술(黑呪術)의 샤먼이라면, 니체는 백주술(白呪術)의 샤먼이다. 일제식민지의 압박과 설움에 시달린 한국인은 '원한과 분노'라는 노예의 흑주술에 빠지기 쉽지만 '주권적 개인'의 주인으로 거듭나야 선진국 국민이 될 자격이 있다. 국가가 없으면 어떤 민주주의도 설 자리가 없다.

(청심청담, 2017년 5월 9일)

# 10

## 사대·종북형 문화혁명을 경계해야

인간은 고대에는 주로 신화를 통해 정체성을 확립하고 역사를 전개했다. 중세에는 신화의 변종이라고 할 수 있는 종교(기독교, 이슬람교, 불교, 유교 등)를 통해 역사를 전개했다. 그렇다면 근대란 무엇일까. 근대에 대한 여러 설명이 있지만, 가장 포괄적인 정의는 그러한 신화와 종교의 자리에 '역사'를 대입했다는 점이다. 인간집단은 그만큼 역사라는 현재적 글쓰기를 제대로 하지 않으면 역사에서 살아남기 어려워졌다. 그런데 역사적 항해의 나침판은 국가철학이다.

자신의 철학이 없으면 남의 철학이라도 가지고 와서 역사적 항해를 하지 않을 수 없는 것이 근대이고, 현대이다. 그런 점에서 우리는 남의 철학으로 근현대의 항해를 해온 셈이다. 소위 선진국이라고 하는 서구의 근대국가는 자신의 국가철학을 확립한 나라들이다. 저들이 흔히 보편성이라고 운운하며 후진국들을 억압하고 압도하는 것은 모두 저들의 국가철학을 숨긴 가면들이다.

요컨대 헤겔의 '절대정신'은 독일의 국가철학을, 데카르트의 '합리주의'는 프랑스의 국가철학을, '경험론'은 영국의 국가철학을, 오늘날 세계를 지배하고 있는 '실용주의'는 미국의 국가철학을 의미한다. 이들 선진국들은 자신들의 삶의 지표로서 국가철학을 완성했기 때문에 선진국인 것이다. 어느 고상한 철학자가 철학을 국가철학으로 격하시켰다고 항의한다면 저들의 삶을 위해 철학을 확립한 나라들이라고 말할 수 있을 것이다.

철학은 본래 초월적이기 때문에 이념성을 내재하고 있다. 그러나 그것이 시대정신을 외면할 경우 무지한 이데올로기로 전락하고 만다. 철학이 이데올로기가 된 데는 확실히 헤겔의 공이 크다. 헤겔을 뒤집은 마르크스는 철학의 이데올로기화와 실천의 강도를 높였다. 근대에 들어 남의 이데올로기(공산사회주의)로써 가장 재미를 본 나라는 소비에트와 중국이다. 수많은 사람들의 희생을 제물로 바쳤지만 그 이데올로기로써 나라를 통일하고, 세계에서 가장 큰 나라를 만들었기 때문이다.

소비에트는 1991년 12월 25일 크리스마스 날에 전체주의의 오명과 함께 해체되고 말았다. 중국도 현재 공산당귀족의 정경유착과 부패청산으로 헤게모니 싸움 중에 있다. 공산사회주의든, 국가사회주의든 사회주의는 그 이름의 숭고함에도 불구하고, 생산성의 감소와 삶의 하향평준화 및 파시즘으로 역사에서 자취를 감추고 있다.

그렇다면 한반도는 어떤가. 서구의 공산사회주의와 자유자본주의를 들

여온 한반도는 남북으로 갈라진 끝에 6.25라는 동족상잔의 세계적 규모의 전쟁을 치르고서도 아직 온전한 통일된 나라를 만드는데 실패하고 있다. 그 근본적인 원인은 무엇일까. 쉽게 말하면 아직 한민족의 삶을 영위할 통일철학을 정립하지 못했기 때문이다. 북한의 '주체사상'이라는 것이 있지만 그것은 국민의 배도 채우지 못하는 시대착오적인 '왕조전체주의'로 세계적 문제아로 떠오르고 있다. 근대에서 북한은 역사적 후진을 한 대표적인 사례이다.

남한은 산업화를 통해 소득의 증가와 물질적 풍요는 달성했다고 하지만, 아직 부익부 빈익빈의 늪을 벗어나지 못하고 있다. 그래서 자유민주주의와 민중민주주의 사이에서 방황하고 있다. 이러한 방황의 틈을 타서 사대주의와 식민주의(식민체질)의 유령들이 다시 고개를 들고 있다. 요컨대 종북(從北)과 친중(親中) 사대주의가 나라를 구할 것이라고 생각하면 큰 오산이다. 시대의 흐름을 읽지 못해 나라를 빼앗긴 구한말의 역사를 되풀이해서는 안된다.

조선의 성리학자들은 가렴주구와 매관매직으로 나라가 망하고 있는데도 서구열강의 침입으로 붕괴되고 있는 중국을 섬기면서 소중화(小中華)를 자처했다. 얼마나 모화사상이 골수에 박혔으면 제 죽는 줄 모르고 섬겼을까. 오늘날 '친중파'들을 보면 사대주의와 조공(朝貢)본능이 되살아난 것처럼 보인다. 구한말처럼 한반도는 세계열강의 각축장인데, 정작 한국은 아무 일도 없었다는 듯 태풍의 눈처럼 고요하다. 대통령은 태평스럽게 탈춤을 추고 있다.

한국이 한창 경제개발을 할 때 중국은 '문화혁명'으로 나라를 온통 쑥대밭으로 만들고 있었다. 중국의 문화혁명은 한 때 중국통일의 이념이었던 모택동사상을 시대착오적으로 유지하려한 공산당과 인민들의 무지의 소산이었다. 나라의 문화유산을 다 부숴놓고 국민생활을 피폐하게 한 빛 좋은 개살구가 중국문화혁명이었다. 암흑의 중국을 다시 일으켜 세운 인물이 등소평이다. 등소평이 박정희의 개발전략을 배운 것은 세계가 아는 사실이다. 러시아 푸틴의 롤 모델도 박정희라고 한다.

국가철학도 없이 미국과 중국의 사이에서 우왕좌왕하는 위정자들의 모습을 볼 때, 그들의 무책임과 이념지향이 역사를 후진시키고 있는 것은 아닌지 염려된다. 과거의 이념(도그마)에 얽매이면 결코 밝은 미래를 전개할 수 없다. 오늘의 소위 혁명이라는 것이 중국의 '문화혁명'(홍위병)과 같은 꼴이 된다면 역사의 죄인이 될 것이다.

우리는 서울올림픽을 앞두고 6.29선언(1987년)을 통해 민주화의 큰 진전을 이루었고, 국제통화기금(IMF) 외환위기(1997년)를 극복함으로써 민간주도의 자유민주주의체제를 구가할 발판을 마련했다. 10년 주기의 두 고비를 넘긴 것은 한국인의 자랑이다. IMF홍역을 치른 지 딱 20년이 된 지금 혈맹인 미국은 한미자유무역협정(FTA)개정협상을 요구했다. 위정자의 오만과 무지는 국민을 도탄에 빠뜨릴 수 있다.

(청심청담, 2017년 10월 10일)

# 11

## 한반도에서 벌어진 신(神)의 한수들

우리는 전쟁의 승패나 생사고비에서 기사회생(起死回生)하거나 대반전을 이루는 것을 두고 '신(神)의 한수'라고 흔히 말한다. 바둑의 대국에서 즐겨 쓰는 이 말은 이제 일반화되었다. 근현대사에서 한반도는 '신의 한수'자리에 있다. 2차세계대전후 유엔의 창설과 대한민국의 건국(1948년)은 확실히 신의 한수였다. 소련의 사주에 의한 6.25전쟁에서 대한민국의 생명이 연장된 것은 유엔과 미국 덕분이었다.

하지만 우리는 대한민국이 탄생하지 않았으면 공산종주국 소련이 과연 사라질 수 있었을까? 반문하게 된다. 인기작가 김진명의 소설 '예언(prediction)'은 소련의 멸망을 예언하고, 자신의 예언을 스스로 증명해보인 문선명 총재의 용의주도한 지휘와 활약상을 잘 그리고 있다. 섭리사로 보면 세계최대제국 소련은 작은 한반도를 먹으려다가 결국 망하고 말았던 셈이다.

미국도 공산좌파들의 준동에 휘청거린 적이 있었다. 인권을 내세우던 민주당의 카터대통령 시절이 그랬다. 진짜인권(기독교인권)이 가짜인권(사회주의 인간주의)에 속은 것이다. 카터는 이상하게도 친북적이었다. 미국에서는 보통 커다란 실책이 없는 한 현직대통령을 재선시키는 게 관례였는데 카터는 로널드 레이건 대통령에게 패배하고 말았다. 투표당일 '뉴스월드'지가 보도한 '레이건 후보 압도적인 승리(Reagan landslide)' 기사가 결정적인 역할을 했다. 시차가 있는 미국에서 기왕에 당선될 후보를 찍고자 하는 심리를 이용해서 그에게 투표하게 했던 것이다. 이것도 신의 한수였다.

뉴스월드의 후신인 '워싱턴타임스'는 레이건정부가 소련공산주의와 싸우는 데에 앞장섰다. 레이건대통령은 퇴임 시에 "매일아침 워싱턴타임스를 읽고 '전략방위구상'(SDI)에 힘을 얻었다."고 실토했다. 워싱턴 타임스는 미국 내 여론을 주도하여 '별들의 전쟁'이라는 전략방위구상을 강행하게 함으로써 경제난에 빠진 소련을 군비경쟁에서 항복하게 했다. 이는 소련의 붕괴로 이어졌다. 문총재는 소련의 개혁과 개방을 이끌었으며, 고르바초프 대통령을 설득하였으며, 오늘의 세계판도를 결정짓는 데에 결정적인 역할을 했다

문선명 총재는 70년대에 일본에서 좌파들이 욱일승천할 때에 반공투쟁으로 일본을 구했고, 70~80년대에 좌파들에 둘러싸인 미국을 구했다. 문총재는 북한방문 시에도 김일성의 면전에서 "주체사상은 남북의 통일사상이 될 수 없다. 통일조국은 '하나님주의(Godism)' 사상으로만이 가능하

다.”고 폭탄선언을 했다. 당시 박보희 본지사장을 비롯한 수행원들의 간담을 서슬하게 했다.

가장 최근의 신의 한수는 도널드 트럼프대통령의 당선과 그의 '북한경제봉쇄정책'인 것 같다. 북한을 경제적으로 강하게 압박함으로써 통치자금의 고갈 등을 통해 김정은을 협상테이블에 나오게 할 수도 있고, 북한 자체의 갈등과 혼란도 야기할 수 있기 때문이다. 결국 북한은 한국의 대북특사를 통해 한반도의 '비핵화'와 미-북 회담을 제안했다. 북한의 '비핵화'는 한국과 미국의 내용과 많은 차이가 있어 앞으로 협상이 어떻게 진행될지 의문이다.

트럼프대통령은 바쁘지 않다. 이미 경제봉쇄로 '천천히 이기고' 있기 때문이다. 북한이 아무리 공작과 술수와 꼼수를 써도 넘을 수 없는 것이 역사의 도도한 물결이다. 왕조전체주의로 백성을 감시와 기아로 옥죄고 있는 북한이 자신보다 20~30배 국력의 자유대한민국을 먹겠다고 하는 것은 처음부터 망발이다. 국제적으로 보편적인 인권과 시장경제를 무시하고, 핵과 미사일로 미국 및 세계와 싸우겠다고 하는 것은 어리석음의 극치이다. 트럼프대통령과 참모들은 전쟁을 불사하고 있기 때문에 전쟁을 하지 않고도 북한을 이기고 있는 것이다.

지금 대한민국에 또 다른 신의 한수가 진행 중이다. '미투(Me Too)운동'이 그것이다. “나도 (성폭행, 성추행, 성희롱을) 당했다.”는 의미의 '미투 운동'은 정치권과 대중예술계를 흔들어놓고 있다. 안희정 충남지사가 현직에서 물러났으며, 교과서에 실릴 정도로 존경을 받던 좌파예술인들인 고은,

이윤택, 오태석도 교과서에서 삭제된다고 한다.

미투운동은 2017년 10월 미국에서 거물 영화제작자 하비 와인스타인의 성폭력과 성희롱을 비난하기 위해 소셜미디어(SNS)에서 '미투'를 달면서 세계적으로 확산된 것이다. 여성에겐 왜 '폭로'가 '용감함'이 될까. 자본주의·사회주의 할 것 없이 모두 '색(色)'에 걸려든 셈이다.

유독 국내좌파진영에서 미투 바람이 거세게 불고 있는 점은 주목된다.

사회주의운동사를 보면 민중운동과 여성운동은 함께 진행되었다. 부르주아에 대한 프롤레타리아의 입장은 남성에 대한 여성의 입장과 같기 때문이다. 전체주의적 성향의 좌파운동권은 성적인 것까지도 운동의 도구로 삼는다. '미투운동'은 이러한 좌파내부의 거짓과 위선을 폭로하고 있다.

한국의 '미투운동'은 정치·종교계는 물론이고, 대학교수와 학생사이로 확산되고 있다. '미투운동'에 가장 취약한 대중예술계는 전전긍긍이다. 여성시대를 앞두고 가부장-국가사회의 권력과 성의 거짓과 위선이 지구촌을 들끓게 하고 있다. 세계는 지금 새로운 종교와 철학을 요구하고 있다. 신의 한수가 대한민국에서 어떻게 전개되느냐에 따라 세계의 운명이 갈릴지도 모른다.

(청심청담, 2018년 3월 13일)

# 12

## 김정은은 고르바초프를 배워야 한다

인류의 문명을 말할 때 해(日)와 달(月), 그리고 그것의 합인 명(明)으로 말하는 것은 매우 상징적이고 은유적이라는 점에서 재미있다. 문명(文明)은 어디에서 어떻게 출발했든 인간에게 문(文)으로써 밝음(明)을 선물한 것임에 틀림없다. 천문학적으로 보면 지구의 생명은 태양과 달의 합작품이다. 달은 지구의 하나뿐인 위성이다. 이 하나뿐인 위성이 어둠 속에서도 빛을 있게 하고, 물(水)의 형성과 더불어 생명을 탄생케 했던 것이다. 그 수많은 생명 중의 하나가 인간이다.

인간의 탄생은 거의 확률제로의 행운(fortune)임에 틀림없다. 지구는 태양계(항성)의 일원(행성)이지만 달이라는 위성을 가짐으로 해서 생명의 보고가 되었다. 달(moon)은 참으로 '굿(good) 문(moon)'(좋은 달)이다. 그런데 달이 인류 문명의 관점에서 항상 긍정적인 것만은 아니었다. 부정적인 '배드(bad) 문(moon)'(나쁜 달)이 되는 경우가 종종 있었다. 흔히 해는 남성성에, 달은 여성성에 비유되기도 하는데 여성성이라고 해서 반드시 좋은 것만 아니라는 의미와 통한다.

여성성은 생명을 잉태하지만 가부장-문명사회에서는 원죄, 음녀, 혼돈 등 나쁜 의미로 사용되는 경우가 적지 않았다. 음(陰)을 양(陽)보다 앞세우는 동양의 음양문명권에서도 음(陰)과 여성은 나쁜 의미로 쓰는 경우가 많았다. 한자에 계집 여(女) 자가 들어가면 나쁜 의미가 되는 것은 좋은 예이다.

서양철학자 니체는 "달은 은은하면서 부드럽고 평화롭다. 둥근 달은 여인처럼 풍요롭다. 그러나 그 이면에는 속임수와 이중성, 배반과 유혹을 숨기고 있다"고 풍자했다.

달을 노래한 우리나라의 옛 가사 중 가장 잘 알려진 것은 '정읍사(井邑詞)'이다. "달하 노피곰 도드샤/어긔야 머리곰 비취오시라…." 정읍에 사는 한 행상의 아내가 남편이 돌아오지 않자 높은 산에 올라 먼 곳을 바라보며 남편이 혹시 밤길에 위해(危害)를 입지 않을까 마음을 졸이는 백제가요이다. 여인들에게 달은 흔히 남편이 무사하게 돌아오기를 비는 대상이었다.

지금 한반도에 떠 있는 달은 '굿 문'일까, '배드 문'일까. 국내 정치는 좌우익의 당쟁을 극복하지 못하고 있는 가운데 핵무기와 미사일을 개발한 북한은 핵보유국임을 선언하면서 '한반도 비핵화'를 주장하고 있다. 한반도를 둘러싼 국제정치적 환경은 100여 년 전 구한말처럼 일촉즉발의 위기상황인데 우리는 분열과 혼란에 빠져 있다.

한반도에 떠 있는 달의 의미를 '굿 문'으로 만들어야 하는 역사적 사명이 우리에게 있다. 송나라 때까지 세계 최고의 도덕과 기술을 향유했던 중국은 19, 20세기에 서방세계의 침략으로 피폐해졌다가 최근 세계 제2의 경제대국으로 올라섰다. 그렇지만 자유무역을 추구하는 중국은 정치적으로는 전체주의를 강화하고 있다. 더욱이 주변국에 정치경제적 횡포를 부리고 있다. '세계의 공장'이 된 중국은 졸부가 되긴 했지만 문화전반으로는 세계를 선도할 수준에 미치지 못하고 있다.

중국의 산업화와 시장경제화를 도운 우리의 입장에서 민족자존을 지키면서 국제관계와 무역수지를 잘 이끌어가는 지혜가 필요하다. 남북관계도 민족문화를 확대재생산하는 방향으로 나아가야 한다. 우선 전체주의는 시대착오적인 것이다. 북한은 구소련이 스스로를 슬기롭게 해체함으로써 자유무역을 기조로 하는 세계질서에 성공적으로 진입했듯이 체제붕괴라는 최악의 사태를 피하면서 점진적인 '레짐(정권)체인지'로 국제시장경제질서에 적응해야 한다.

지난 26일 오전 북한 개성에서 개최된 '남북경의선·동해선 철도·도로 연결 및 현대화 착공식'이 본격적으로 유라시아 대륙철도(TSR, TCR, TMGR)로 연장되기 위해서는 북한의 비핵화를 비롯해서 해외자본투자안전장치 등 국제수준에 맞는 개혁·개방과 제도마련이 절실하다. 이를 통해 미국의 대북제재를 풀고 점진적으로 국제적 신뢰를 얻어야 한다. 그렇지 않으면 북한은 폐쇄-감옥사회가 될 수밖에 없다.

김정은은 고르바초프를 배워야 한다. 공산종주국의 최고통치자였던 고르바초프가 소비에트체제를 포기한 것은 김정은이 핵을 포기하는 것보다 더 어려운 결단이었을 것이다. 중국의 순망치한(脣亡齒寒)에 봉사하기보다는 핵을 포기함으로써 중국의 첨병역할을 그만두고 민족의 공동번영에 참가해야 한다. 자유를 만끽한 대한민국은 북한과 다르다.

젊은 시절 스위스 유학생활에서 경험한 자유민주주의체제의 장점을 되살려 개방개혁을 두려워하지 말고 쉽진 않겠지만 생즉필사(生卽必死) 사즉필생(死卽必生)의 각오로 임해야 한다. 문재인 정권과 트럼프 대통령이 경제발전을 약속한 지금이야말로 마지막 기회이다. 북한의 비핵화와 개혁개방정책은 지구전체에 자유와 평화를 선물할 뿐 아니라 평화적 남북통일에도 기여할 것임에 틀림없다.

만약 북한에 '자유민주북한체제'가 들어서고, 나중에 남한의 대한민국과 국가연합을 통해 '남북코리아연합'을 형성할 기회를 한민족 스스로 만들어 간다면 이것이야말로 '굿 문(聞)'(좋은 소식)이다. 오늘의 한반도는 세계질서개편과 세계평화를 열어가는 뇌관이면서 동시에 열쇠가 되는 지정학적 위치에 서 있다. 한반도는 베트남이나 대만과 근본적으로 다르다. 한민족의 현명한 선택을 세계는 기다리고 있다. 기해년(己亥年) 새해 벽두에 귀한 손님처럼 떠오르는 '굿 문'을 기대해본다.

(청심청담, 2019년 1월 1일)

보

론

# 하나님주의란 무엇인가
## - God, Geist, Ghost, Godism

　서양철학과 문명을 종합적으로 바라보면서 필자는 God, Geist, Ghost 로 요약한 적이 있다.[1] 이데아(idea: 고정불변의 존재)라는 기독교(절대유 일신)를 만나서 그것을 강화하였고, 기독교는 칸트에 의해 '이성의 한계 안 에서의 신'을 요청하게 된다. 칸트의 이성(理性)은 헤겔의 절대정신(Geist) 에 의해 정신이 신의 경지라고 할 수 있는 절대지(絶對智, 理性의 奸智)에 이르게 된다. 니체에 의해 신은 죽음("신은 죽었다.")을 맞지만, 신의 죽음 은 헤겔에 의해서 이미 예감되고 있다("신이 죽었다고 하는 감정").

　서양철학은 데리다에 의해 유령(Ghost)에 직면하게 되는데 이는 이미 마르크스에 의해 거론된 것이다("화폐의 유령"). 돌이켜 생각하면 '절대'라

---

1) 박정진, 『네오샤머니즘』, 살림출판사, 2019, 55~87쪽.

는 개념은 서양문명을 관통하는 개념이다. 과학조차도 실은 절대의 산물이다. 물론 서양철학과 문명 내에서도 '절대'에 대한 반대의견과 흐름이 전혀 없었던 것은 아니지만 이들은 모두 절대(주류)에 대한 반대급부(비주류)에 불과하였다.

아인슈타인의 '상대성원리'나 하이젠베르크의 '불확정성이론' 등은 절대의 분위기에 반기를 들었지만 '실체(고정불변의 존재)'를 향한 서양문명의 끈질긴 추구와 욕망은 줄어들지 않았다.

니체, 들뢰즈, 데리다, 하이데거 등도 서양 기독교-문명에 반기를 들었지만 유심론이 유물론과 서로 가역 왕래하고 상통하듯(유물론이야말로 극단적인 관념론이다) 이분법(주체-대상)을 중심으로 하는 서양문명은 스스로 자기모순에 빠지지 않을 수 없다.

하이데거야말로 서양철학과 문명에서 가장 멀리 떨어져 나와 동양의 불교와 도학에 다가온 철학자임에 틀림없다. 그는 "오직 신만이 우리를(인간을) 구원할 수 있다."라고 말하였다. 하이데거의 사방세계의 '신적인 것들'과 문선명의 '가디즘(Godism, 하나님주의)'은 신(神)을 다시 앞세운다는 점에서 공통점을 갖고 있다. 이것은 또한 필자의 네오샤머니즘(Neo-shamanism)과도 통한다.

가디즘(Godism)의 신은 종래 기독교적 신에 제한되기보다는 초종교적 마인드의 하나님(God)이다. 기독교의 창조주(創造主)로서의 유일신인 제조신(製造神)을 현상학적으로는 포함하지만 존재론적으로는 천부경의 조화신(造化神)도 포함하는 개념이다. 여기에는 기독교문명의 오만(傲慢)과 편견(prejudice)을 극복하려는 의지가 들어있다. 말하자면 기독교문명의 신(神)만이 진리이고 정의라는 편견으로부터 말이다.

신을 가정한(투사한) 인간은 신의 말씀(말의 씨, 말의 쓰임)을 통해 신으로부터 세계를 지배할 힘을 얻었고, 그 힘은 오늘날 과학기술주의와 함께 물질만능의 물신숭배에 이르게 하였다. 이제 인간은 스스로 파괴할(멸종시킬) 정도의 힘을 얻었다. 인간의 오만을 제어하기 위해서는 자연에서 빼앗은 신을 다시 자연으로 돌려주어야 한다. 이것을 필자는 우리의 전통 속에서 '홍익(弘益)'이라는 말을 찾아내어 홍익자연(弘益自然)이라는 말로 설명하였다.

신이 인간에서 투사(投射)된 것이라면, 신의 말씀(언어)을 통해 신은 인간에게 다시 육화(肉化)되어야 한다. 자연은 신을 돌려받아야 한다. 인간-신-자연은 하나이다. 인간은 이제 스스로 신(自神, 부처)이 되어도 오만하지 않을 정도로 성숙한 인간이 되어야 하며, 자연에 감사할 줄 알아야 한다.

또한 인간을 구원해 줄 메시아가 더 이상 오지 않아도 괜찮은 인간이 되기 위해 스스로 작은 메시아(종족메시아, 가족메시아, 각자메시아)가 되어야 한다.

신은 인간에게 자연에 이름을 붙이도록 허락한 자이다. 인간은 자연에 이름을 붙인 자이다. 부처는 스스로 신이 된 자이다. 도사나 신선은 자연과 더불어 살 줄 아는 자이다. 이러한 경지에 도달한 사람들은 '신불도선인(神佛道仙人)'이다. 신(神)=불(佛)=도(道)=선(仙)은 하나이다.

인간이 죽음에 대한 불안(공포)에 시달리는 것(죽을 인간)은 존재(세계)

를 대상으로 보는(대상화하는) 데 따른 것이다. 이것은 존재(자연적 존재, 자연)를 주체-대상으로 바라보기 때문에 "내가 죽는다."라고 생각하게 되고, 그렇게 되면 죽음은 인간(인간현존재)의 미래가 되고, 목적이 된다. 여기서 시간(공간)이 발생하게 된다(시간은 감성적 직관). 인간의 사유존재적 특성은 자연과학(도구와 언어의 발견과 발명)을 창조했지만 동시에 자연으로부터 소외가 시작되는 기점이기도 하다. 자연으로부터 소외의 궁극적 의미는 호모사피엔스의 멸종(滅種)이다.

| 서양철학 문명 | God (절대유일신) | Geist (절대정신) | Ghost (유령) | Godism (하나님주의) |
|---|---|---|---|---|
| 동서 문명의 연속과 불연속 | 기독교 | 헤겔 | 마르크스 | 문선명 |
| 서양의 후기근대를 대표하는 4명의 철학자 | 니체 "신은 죽었다." (힘에의 의지) | 들뢰즈 "기관 없는 신체" (기계-생성론) | 데리다 "텍스트 밖은 없다" (해체주의) | 하이데거 "죽을 인간" "신적인 것들"(사방세계) |
| * 하나님주의(Godism)는 모든 사물이나 인간 앞에 하나님(神)을 먼저 둠으로써 물신(物神)주의에 빠지지 않고 신물(神物)감성과 신(神)인간, 신(神)한국, 신(神)미국, 신(神)일본, 신(神)아시아태평양 등 모든 사물과 인간 심지어 국가까지도 그 본래적 모습을 회복하게 만드는 이념이다. | | | | |

<서양철학과 새로운 기독교사상의 완성>

필자가 최근에 완성한 한글철학 〈알-나-스스로-하나〉[2]의 철학은 문선명 총재의 '하나님주의(Godism)'를 철학적으로 뒷받침하는 순우리말철학으로서 근대에 이룩한 한국철학계의 최고성과 혹은 금자탑이라고 할 수 있다. 순우리말철학은 유사 이래 처음 탄생한 것이다. 그동안 한자말에 의한 철학은, 원효(元曉, 617~686)의 화쟁(和諍)사상, 지눌(知訥, 1158~1210)의 선교일치(禪敎一致)사상, 퇴계(退溪, 1501~1570)의 경(敬)철학 등 간헐적으로 생겨났지만 순우리말에 의한 철학은 처음이다.

한글철학의 탄생은 한민족도 스스로 철학할 수 있는 민족임을 드러내는 동시에 하나님을 돌려받는 철학이다. 하나님은 본래 한민족의 하나님이다. 하나님(하느님, 한울님)은 한글로 신을 부르는 이름이다. 한글은 하나님, 하나님주의의 그릇이다.

하나님주의(Godism)는 필자의 한글철학의 핵심인 '알(알다)-나(나다)-스스로(살다)-하나(하나 되다)'라는 패러다임의 '하나 되다'와 만나는 사상이다. 한은 하나를 의미하고, 하나는 하나님을 의미한다(한-하나-하나님). 하나님주의는 '하나 되다'의 완성형이다. '하나'에 '님(임금)'자를 붙여서 신성(神性)과 성스러움(聖)을 겸비한 신성(神聖)의 하나님을 이룬 것이 바로 하나님주의의 하나님이다.

하나님주의는 기독교의 하나님을 초종교의 하나님, 유불선기독교의 하나님, 신불도선(神佛道仙)의 하나님으로 확장 시킨 것이다. 하나님주의는

---

2) 박정진,『무예 자체, 신체 자체를 위한 신체적 존재론』(살림출판사, 2020), 313~342쪽.

신을 자연에게 돌려줌으로써 인간을 구원하는 사상이다. 그러한 점에서 기독교의 예수와 불교의 부처는 하나이다. 하나님주의는 한민족의 전통사상인 홍익인간(弘益人間)을 홍익자연(弘益自然)으로 확장 시킨 사상이다.

인간은 이제 신을 투사(投射)함으로써 얻은 힘(권력)을 다시 신을 육화(肉化)함으로써 서로 사랑(愛)하고 함께 살아갈, 다시 말하면 공생-공영-공의를 실천할 시대적 사명에 직면해 있다. 그렇지 않으면 패권과 오만으로 인해 인류는 멸종할지도 모른다.

필자는 서양철학과 문명을 신(God), 정신(Geist), 유령(Ghost) 등 3G[3]와 사물(Thing), 시간(Time), 텍스트(Text), 테크놀로지(Technology) 등 4T[4]로 새롭게 규정한 바 있다. 이제 3G는 가디즘(Godism)으로 완성됨으로써 4G가 되었다. 따라서 필자의 철학적 내용은 4G와 4T로 대변되는 셈이다. 가디즘은 인류가 구원될 수 있는 유일한 길이다.

필자의 철학은 서양철학과 문명의 이분법(二分法)을 벗어나서 세계가 본래 하나(하나님)라는 '존재(진리)에 도달하는 길고 긴 철학적 여정'이었다. 필자는 이미 '보편성의 철학' 대신에 '일반성의 철학'을, '개념철학'에 대해 '소리(파동)철학'을 주장한 바 있다.[5] 그래서 '일반적이고 보편적인 철학'이 존재론의 진면목이라고 주장한 바 있다. 또 네오샤머니즘을 통해 철학의

---

3) 박정진, 『네오샤머니즘』(살림, 2018), 55~104쪽.

4) 박정진, 『평화는 동방으로부터』(행복한에너지, 2016), 246~261쪽.

5) 박정진, 『철학의 선물, 선물의 철학』, 소나무, 2012; 박정진, 『일반성의 철학과 포노로지』, 소나무, 2014.

원시반본을 개진하기도 했다.[6] 또 가장 최근에 신체적 존재론[7]을 주장함으로써 신체가 존재이고, 존재는 신체임을 주장하기도 했다.

따라서 필자의 철학을 진정으로 이해하고자 하는 경우, 앞서 출판된 책들을 이해할 필요가 있다. 필자는 그동안 "존재는 신체이다.""존재는 진리가 아니다.""존재는 관계이다.""존재는 기운생동이다.""존재는 기계가 아니다." 등 여러 경구로 필자의 철학을 표현해왔다.

인간적 표상과 기계의 감옥에 갇힌 서양철학에 종언을 고해야 인간은 자연적 존재, 본래존재를 회복할 수 있다. 역설적으로 그 길은 인간신(人間神), 물신숭배(物神崇拜)가 아닌, 신(神)이라는 글자가 접두어로 붙는 신인간(神人間), 신물숭배(神物崇拜), 가디즘(Godism)의 길이다.

예로부터 한민족에겐 천지인사상이 있었다. 천지인사상은 항상 세계의 모든 문제를 역동적인 하나의 문제로 이해되었다. 따라서 천지인사상의 관점에서 보면 기독교가 지배하고 있는 오늘날 신(神)의 문제는 신과 인간과 자연의 문제가 하나로서 복합적이고 역동적인 문제이다. 천지인사상과 하나님주의의 하나님은 하늘하나님, 땅하나님, 사람하나님으로 구체화될 수 있다. 이러한 분화를 거쳐서 천지인참부모가 성립되는 것이다.

이제 신과 인간과 자연은 하나가 이해되어야 한다. 그렇게 되어야 인간과 자연이 함께 잘 살아갈 수 있다. 가디즘은 바로 이를 실천하기 위해 새로 이해된 신의 개념이고, 동시에 서양기독교에 빼앗겨버린(잃어버린) '한

---

6) 박정진, 『네오샤머니즘』(살림, 2018). 591~615쪽.

7) 박정진, 『무예 자체, 신체 자체를 위한 신체적 존재론』(살림, 2020).

국의 하나님'을 되찾는 운동을 의미하는 것이다. 이것은 진정한 한민족의 주체-주인운동이다.

가디즘은 신(神)통일한국과 같고, 가디즘은 홍익자연(弘益自然)과 같고, 가디즘은 '알(알다)-나(나다)-스스로(살다)-하나(하나 되다)'와 같다. 이를 부연하면 가디즘이 현실적인 실천으로 확대된 것이 '신(神)통일한국'이고, 이를 홍익인간(弘益人間)의 전통 속에서 미래지향적으로 재해석한 것이 '홍익자연(弘益自然)'이고, 홍익자연을 순우리말철학으로 전개한 것이 '알-나-스스로-하나'의 '하나 되기', '하나님 되기', '하나님 되찾기'운동이 되는 것이다.

'신(神)통일한국'의 실천적 덕목인 '공생(共生)-공영(共榮)-공의(共義)는 바로 '하나 되기' '하나님 되기' '하나님 되찾기'운동의 구체적인 성취목표가 되는 것이다.

# 신통일한국의 비전
## : 공생(共生)·공영(共榮)·공의(共義)主義

### 1. 공생주의, 신통일한국의 경제이념적 지향

근대 민주주의의 전개와 더불어 정치의 핵심은 경제가 되었다. 동양에서는 일찍이 정치를 경국제민(經國濟民)이라고 하였는데 경국제민의 약자가 경제이고 보면 선견지명의 번역이라고 할 만하다. 경제를 중심으로 보면 공생(共生), 즉 함께 사는 것이야말로 인간의 삶의 전부, 즉 삶의 처음과 끝이라고 말해도 좋을 것이다. 그런 점에서 공생주의는 미래적 비전을 내포하고 있는 개념으로 적확하다고 할 수 있다.

서양이 주도한 근대문명이 자유, 평등, 박애를 모토로 삼았음은 잘 알려져 있는 사실이다. 이것은 프랑스 대혁명의 슬로건이기도 하다. 물론 자유평등박애는 서양기독교문명과 근대계몽주의의 융합이라고 할 수 있다. 그런데 문제는 이들이 서로 충돌하고 때로는 심각한 모순과 갈등을 일으키면서 1, 2차 세계대전을 일으키는 원인으로 작용했으며, 세계대전을 막지 못했다는 한계를 지니고 있다.

현재 지구촌은 냉전시대가 종식되었다고 하면서도 다른 편에서는 자유주의 대 사회주의가 첨예한 대립을 하고 있고, 구소련을 대신하여 중국이 미국과 패권경쟁을 벌이고 있는 형국이다. 이런 충돌과 혼란 속에서 양자의 중간 형태인 사회민주주의도 나름대로 선전하고 있지만, 관료주의와 첨단기술이 합쳐진 '관료기술전체주의'의 불길한 예감도 없지 않다.

누가 뭐라 해도 자본주의의 약점은 부익부빈익빈이고, 사회주의의 약점은 빈곤과 하향 평준화된 삶이다. 개인의 자유와 욕망을 긍정하는 자유자본주의는 욕망을 성장엔진으로 사용하면서 부를 축적했고, 선진국을 운영하고 있다. 이에 반해 욕망을 무시한 사회주의는 평등을 정의로 선전하고 있지만 그것은 위선에 머물었고, 구소련의 해체로 체제경쟁은 이미 판가름이 났다.

오늘날 경제적 과제는 개인의 욕망을 인정하면서도 동시에 집단(다중, 대중, 민중)의 평균적인 삶, 인간다운 삶을 위해 어느 선에서 욕망을 제어하고 인간의 도덕적 가치를 고양시킬 것인가가 관건이다. 자본주의의 가장 큰 덕목은 소위 '있는 자= 가진 자'가 '없는 자= 못 가진 자'를 배려하면서 함께 잘 살 수 있는 지혜를 갖추느냐에 달려있다. 쉽게 말하면 부자가 가난한 자를 위해 부(富)를 자발적으로 환원하는 기제를 어떻게 다양하게, 많이 만드는가에 달려있다. 세금으로 그것을 달성하려고 하면 반자본주의적인 요소로 충돌을 일으키게 된다.

자본주의 사회는 필연적으로 부의 사회적 환원에 대해 관심을 가지지 않으면 사회적 갈등과 혼란을 직면하게 된다. 그래서 성숙한 자본주의사회는 각종 희사와 기부행위가 발달해 있으며 이에 대한 사회적 명예수여도 폭넓게 개발되어왔다. 말하자면 '물질적 부' 이외에 '정신적 부'에 대해 관심을 높이는 폭넓은 교양의 기회도 제공하고 있다. 이것을 두고 '경제적 자비심'이라고 말할 수 있을 것이다.

자본주의는 '자본의 증식'을 '정신의 증식' '자비의 증식'으로 전환하고 보완하지 않으면 사회적 갈등과 불만과 불평등에서 자유로울 수 없다. 자비는 사랑의 다른 말이다. 이런 점에서 기독교의 최종목적인 '사랑(愛)=참사랑=자비'에서부터 거꾸로 자유평등을 실천하는 방안을 강구할 필요가 있다. 그래서 일찍이 사랑 애(愛)자를 앞세우는 애천·애인·애국(愛天愛人愛國)사상이 문선명 총재에 의해 제창되었던 것이다. 애천·애인·애국사상은 '기독교의 사랑+한국의 천지인사상'을 결합한 자생철학이면서 동서양문명의 창조적 융합의 결과이다.

애천·애인·애국에서 천지인의 지(地)가 국(國)으로 바뀐 것은 현대사회가 국가를 중심으로 삶을 영위하고 있기 때문이다. 그렇지만 애국에는 꼭 지상의 나라만을 의미하는 것이 아니라 정신적인 나라, 하나님의 나라의 의미도 내포되어 있다. 인류가 하나 되는 나라, 천일국(천주평화통일국)으로 승화될 것을 열망하고 있다.

공생주의는 엄밀하게 말하면 자유주의도 아니고, 공산주의도 아닌 '제 3

의 이데올로기'이다. 자유주의의 장점과 사회주의의 장점을 통합하여 '다함께 잘 사는 사회와 세계를 건설하자'는 의미가 내포되어 있다. 개인의 능력과 성격과 취향은 다르기 마련이다. 그런 다름을 인정하지만 인간다운 삶을 누리기 위한 최소한의 소득과 복지를 보장하는, 그래서 다함께 행복을 누리는 삶에 대한 사회적 합의가 필요하다. 공생주의는 정치경제사회문화 전 분야를 포괄하는 총론적 성격의 '주의(-ism)'이다.

서구의 근대문명을 기독교적 관점에서 바라보면 자유자본주의는 '기독교자유주의'라고 말할 수 있고, 공산사회주의는 '기독교사회주의'라고 말할 수 있다면, 공생주의는 '기독교공생주의'라고 말할 수 있을 것이다. 가정연합-통일교의 공생(共生, co-living), 공영(共榮, co-prosperity), 공의(共義, co-righteousness)사상은 '기독교공생주의'로서 보편성을 갖는다.

공생주의는 반공시대의 반공이나 승공의 표어와는 다른 것이며, '두익통일사상'이 좀 더 구체적으로 진화된 형태라고 말할 수 있다. 두익통일사상이 역사현상학적인 차원의 사상이라면 공생주의는 매우 존재론적인 차원의 사상이다. 어쩌면 공생주의는 두익통일(頭益統一)사상을 역사적으로 실현시키기 위해 전제되어야하는 '마음의 자세'를 말하고 있는 사상인지도 모른다.

공생주의(共生主義)는 공리주의(功利主義)와도 다른 것이다. 공리주의는 "최대다수의 최대행복"을 지향함으로써 다수를 위하기는 하지만 소외된 계층을 소홀히 하는 측면이 있는 것이 사실이다. 그러나 공생주의는 그것마저 용인하지 않는, 사랑과 자비를 실천하는 사상이다. 이는 마치 잃어버린 한 마리 양을 찾아 나서는 예수의 정신과 같다. 또 중생을 다 구하지 않고는 극락으로 갈 수 없다는 지장보살의 염원과 같다.

공생주의의 실천은 '공적인 공(公)'. 즉 'public'의 의미를 넘어서서 다시 '빌 공(空)'자 공생(空生)의 마음, 마음을 비우는 삶이 보다 많은 사람들에게 호소력 있게 받아들여져야 가능하다. 그런 점에서 공생주의의 공은 〈공(共)-공(公)-공(空)〉의 의미를 한꺼번에 가져야 가능하게 된다.


## 2. 공영주의(共榮主義), 신통일한국의 정치이념적 지향

공영주의(共榮主義)는 경제적 공생주의가 달성한 열매는 어떻게 골고루 나누어 가질 것인가에 관한 정치적 아젠다이다. 앞에서도 말했지만 한 사회는 경제적 성장의 과실과 번영과 복지를 골고루 나누어가져야 하며 그러한 사상의 구체적 표현이 공영주의다.

경제적 공생주의를 정치적 측면에서 보다 세밀하게 검토하고 실천하는 방안을 정치적 제도로서 실현하는 것을 의미한다. 부(富)와 복지를 골고루 나누어갖지 않으면 사회는 결국 불평과 불만에 휩싸이게 되고, 사회적 갈등으로 인해 생산의 저하를 초래하게 될 것이 뻔하다. 그래서 부의 분배를 선제적으로 달성하려는 노력이 필요하다.

자본주의사회는 이익을 중심으로 작동하는 사회이다. 그렇지만 개인의 이익이 있다면 집단의 이익도 고려되어야 한다. 이익을 추구하는 것이 나

쁜 것이 아니라 남의 이익도 생각하고 배려하는 자리이타(自利利他)의 정
신이 필요하다. 홍익인간(弘益人間)은 자리이타를 실천하는 우리민족 고유
의 철학이다.

더욱이 현대는 산업사회의 발달로 자연과 환경의 파괴와 황폐화가 각
국의 문제로 등장한지 오래이다. 자연도 인간과 함께 살아가는 존재라
는 것을 염두에 둘 필요가 있다. 이에 우리는 홍익인간에서 홍익자연(弘
益自然)으로 삶의 시야와 지평을 넓혀야 하는 시대적 요청에 직면해 있
다. 경제(economy)와 생태(ecology), 그리고 인간의 문화환경(cultural
environment)을 두루 살피는 지혜가 바로 공영(共榮)이다.


## 3. 공의주의(共義主義), 신통일한국의 (문화)윤리이념적 지향

공의주의는 (문화)윤리적 아젠다이다. 공생과 공영을 달성하기 위해서,
또는 그것을 안정적으로 누리기 위해서는 각종 사회문화적 제도와 윤리가
마련되어야 한다. 특히 삶의 기반이 되는 문화적 차원에서 그 바탕을 더욱
더 튼튼하게 마련하지 않는다면 안 된다. 문화는 생활과 향유를 의미한다.
인간은 의식주를 해결하는 것으로 만족하지 못하고, 각종 문화예술을 구가
할 것을 희망한다.

사회구성원이 인정하는 사회적 정의와 도덕, 법률을 제도적으로 잘 구비
하는 것은 물론이고, 그것이 부드럽고 윤택하게 흘러가도록 사회적 신뢰를

쌓아야 한다. 특히 보다 많은 사람들의 복지와 행복을 위해 소수의 위정자와 권력엘리트들은 노력해야 한다. 그러기 위해서는 그것에 상응하는 법규(rule)와 예절(禮節)을 확립해야한다. 법과 예절이 확립되면 그것이 사회적 선순환을 일으키도록 해야 한다. 공의주의는 사회적 안정과 행복은 물론이고 최종적으로 도의사회(道義社會)를 구현함으로써 법률적 낭비를 줄이고, 법 없이도 흘러가는 효과도 얻게 된다.

문화에는 당연히 예술이 포함된다. 문화에서 정치경제사회를 제외하면 가장 두드러지는 것이 예술이고 체육이다. 문화는 인간이 살아가는 총체성(wholism)을 말한다. 특히 문화는 특별히 의식하지 않아도 사회적으로 공유하고 실천하는 분야가 많다. 사회구성원 각자가 궁극적으로는 예술과 건강과 레크리에이션을 누릴 수 있다면 역으로 공의가 실천되었다고 볼 수 있다.

공의는 공생공영의 목적이기도 하지만 동시에 원인이 된다. 공생·공영·공의는 따로 분리되어 있는 것이 아니라 마치 천지인사상처럼 서로 순환하고 피드백하고 있다. 공생이 되기 위해서는 공영과 공의가 필요하고, 공영이 되기 위해서는 공생과 공의가 필요하다. 마찬가지로 공의가 되기 위해서는 공생과 공영이 필요하다. 이들은 결국 하나가 되어 총체적으로 움직여야 역동적인 사회, 창조적인 사회가 된다.

애천·애인·애국사상이 공생·공영·공의사상으로 승화될 때 인류는 삶의 최종목표인 행복에 도달할 수 있을 것이다. 사랑과 공생은 말은 다르지만 뜻은 같은 것이다. 공생·공영·공의는 애천·애인·애국과, 애천·애인·애국은 자유·평등·박애사상과 서로 수수관계, 가역왕래관계에 있다. 이들이 충족될 때 인류가 하나 되는 '인류 한가족'(One Family under God)주의, 가디즘(Godism)이 완성될 것이다.

# 천부경적 사건으로 본 천지인참부모[8)]

## 1. 현대철학으로 본 천부경의 세계

### 1) 천부경(天符經)과 사방세계(Geviert)

인간과 자연이 만나서 사유하는 유형에는 크게 두 가지가 있다. 하나는 인간의 사유와 세계가 만나는 것을 상정한 '자연의 인간동형론(Anthropomorphism)'이고, 이는 천지중인간(天地中人間: 하늘과 땅 사이에 인간)의 성격에 부응한다. 다른 하나는 인간도 자연의 일부로서 순환적인 자연에 순응하면서 살아가는 존재임을 강조하는 '인간의 자연동형론

---

8) 이글은 세계평화통일가정연합 제2지구 세계평화학술인연합 주최로 개최된 <문선명 천지인참부모 천주성화 9주년 기념세미나(2021년 8월 17일, 구리가정교회)>에서 발표된 내용이다.

(Physiomorphism)'으로서, 이는 천부경의 인중천지일(人中天地一: 사람 가운데 천지가 하나)의 사상과 통한다.

인간동형론은 역사적 존재로서의 인간을 부각시키고, 자연동형론은 자연적 존재로서의 인간에 초점을 맞추고 있다. 전자는 어디까지나 인간을 중심으로 우주를 해석하는 것이고, 따라서 대립을 전제하는 역사적 변증법을 지향한다. 후자는 아예 대립을 없애는 비역사적·존재적 방식이다. 인간은 어디까지나 자연의 일부로서 자연의 순환에 순응하면서 살아가는 존재라는 것이다. 전자는 인간을 역사적 지평에 세워서 드러내는 방식이고, 후자는 인간을 천지 속에 감추어서 천지와 하나가 되게 하는 방식이다.

따라서 현상학적으로 통일(통합)을 이루는 변증법적인 방법의 합일(合一)이 있는가 하면 인간에 내재한 본래 천지와 하나인 속성을 깨닫는 귀일(歸一)의 방식이 있다. 이를 서양철학으로 말하면 전자는 종래의 존재론이고, 후자는 생성론이다. 이를 하이데거 식으로 말하면 전자는 현존재로서의 인간, 즉 '현존재=존재자'이고, 후자는 '존재'(생성적 존재, 본래존재)이다. 전자는 '제도적 존재자'이고, 후자는 '자연적 존재'이다.

천지인삼재 사상이 가장 집약적·상징적으로 표현된 것이 『천부경』이다. 아마도 천부경은 우리나라 혹은 동북아시아에서 내려오는 전통종교인 신교(神敎), 신선교(神仙敎), 단군교(檀君敎) 등으로 불렸던 샤머니즘(shamanism), 즉 무교(巫敎)[9] 계통의 경전이었을 것으로 짐작된다.

---

9) 흔히 한국에서 무(巫)는 '무속(巫俗)'이라고 불리는데 이는 일제강점기 때 일본인 학자들이 한국의 전통인 '무'를 천시하기 위해서 붙인 이름이다. 일본인 학자들은 자신의 '무'는 '신도(神

신은 오늘의 철학으로 보면, 존재(=성상)이면서 현상(=형상)이다. 『천부경(天符經)』은 신의 이러한 이중적 성격을 잘 담고 있는 고대경전이다. 천부경은 인중천지일(人中天地一)에서 존재를 말하고, 천지중인간(天地中人間)에서 현상을 말한다. 인류의 경전 중의 경전은 천부경이다.

천부경의 내용에 대해서는 별도의 논의가 필요하겠기에 여기서는 최소한의 이해를 도우기 위해 도표로서 소개하는 것으로 그치고자 한다. 이에 대해서는 필자가 '천부경의 현상학과 존재론'에서 소상하게 밝힌 바 있다.[10]

| 천부경의 존재론적 특징 | | | | | |
|---|---|---|---|---|---|
| 天 | 1 | 天의 입장에서 천지인 해석 | 天一一, 地一二, 人一三 (존재론적-현상학적) | 천부경, 상경 天經(28자) | 一始無始一/析三極 無盡本/ 天一一 地一二 人一三/一積十鉅 無櫃化三 |
| 人 | 3 | 人의 입장에서 천지인 해석 | 人中天地一 (존재론적) | 천부경, 하경 人經(26) | 萬往萬來/用變不動本/本心本太陽/昂明人中天地一/一終無終一 |
| 地 | 2 | 地의 입장에서 천지인 해석 | 天二三, 地二三, 人二三 (현상학적) | 천부경, 중경 地經(27) | 天二三 地二三 人二三/大三合六/生七八九/運三四成環五七/一妙衍 |

<천부경의 현상학과 존재론적 특징>

道)'라고 부른다. '신도'라는 말은 '신선도(神仙道)'에서 따온 말일 가능성이 높다. '무' '신도'는 '신에 이르는 길' 혹은 '신 지피는 일'이라는 공통점이 있다.

10) 박정진, 『네오샤머니즘-생명과 평화의 철학』(살림, 2018), 347~380쪽.

## 〈천부경(天符經)〉

◇ 상경: 28자

① 하나는 시작이라 하되 시작이 아닌 하나이다.
   (하나는) 세극으로 나누어도 근본을 다함이 없다.
② 하늘은 하나이면서 하나이고, 땅은 하나이면서 둘이고, 사람은 하나이면서 셋이다.
   (하늘은 하나의 하나이고 땅은 하나의 둘이고 사람은 하나의 셋이다.)
③ 티끌(미세우주)이 모이면(적분되면) 우주(대우주)가 되고
   궤(상자, 聖櫃)가 없으면(無櫃)(미분되면) 다시 셋이 된다.
   (무無의 성궤聖櫃는 변하면 셋이 된다.)
   (一始無始一/析三極 無盡本/天一一 地一二 人一三/一積十鉅 無櫃化三)

◇ 중경: 27자

④ 하늘은 둘이면서 셋이고, 땅도 둘이면서 셋이고, 사람도 둘이면서 셋이다.
⑤ 크게 셋을 통합하면 육이 되고, 칠, 팔, 구를 생한다.
⑥ 삼과 사를 움직여 오와 칠에서 환(環)을 이루지만 끝없이 연장된다.
   (天二三 地二三 人二三/大三合六 生七八九/運三四成環五七/一妙衍)

◇ 하경: 26자

⑦ 만물은 수 없이 오고간다.
⑧ 쓰고 변해도 근본은 움직이지 않는다.
⑨ 본래 마음은 본래 태양이다.
⑩ 밝음(태양)을 우러르면 사람 가운데 천지가 하나가 된다.
⑪ 하나는 끝이라 하되 끝이 아닌 하나이다.
   (萬往萬來/用變不動本/本心本太陽/昂明人中天地一/一終無終一)

서양의 존재론 철학자 하이데거는 『천부경』에 대한 관심이 컸다. 그는 천부경의 천지인 사상과 기독교의 신을 융합하여 '사방세계(Geviert: 하늘, 땅, 죽을 인간, 신적인 것)'를 완성했다. 사방세계(Geviert)의 'ge'는 '모우다' '모이다'의 뜻이 있지만 '모여서 되다' '되다'의 뜻이 있다. 사방세계가 모여서 하나의 세계가 되는 의미가 있다. 이것은 서양철학적으로 번안된 천부경의 천지인사상이다.

서양기독교문명권의 하이데거는 '천지인(天地人) 삼재(三才)' 이외에 '신(절대유일신)'을 별도로 설정하지 않을 수 없었다. 그래서 사방세계를 주장하게 되었다. 세계를 4수(예: 동서남북, 춘하추동)로 설명하는 방식은 땅(地)의 입장에서 세계를 해석하는 방식이다. 자연의 입장에서, 상대적이고 관계적인 세계로 보는 방식이다. 여기에는 음양사상이 대표적인 것임은 물론이다.

하이데거의 '사방세계'와 통일교의 '사위기대(四位基臺)'도 여기에 속한다. 세계를 3수(예: 천지인, 정기신)로 설명하는 방식은 하늘(天)과 인간(人)의 입장에서 세계를 해석하는 방식이다. 여기에는 초월적 입장에 서는 존재(신이나 인간)를 설정한 것이다. 동양의 삼태극(三太極) 사상과 통일교의 '삼대상목적(三對象目的)'이 그것이다. 인간은 세계를 해석하는 데 있어서 상대적으로(짝수로) 볼 수도 있고, 절대적으로(홀수로) 볼 수도 있다.

아울러 세계를 5수(예: 음양오행)로 설명하는 방식은 홀수와 짝수의 합으로서, 절대상대로 세계를 해석하는 방식이다. 음양오행사상은 세계를 짝수로 볼 수도 있고, 홀수로 볼 수도 있음을 의미한다. 인간이 자기 자신을 초월적(절대적) 위치에 놓거나 초월적 존재를 가정하면 세계는 홀수가 되고, 절대의 세계가 되고, 초월적 존재를 가정하지 않으면 세계는 짝수가 되고, 상대의 세계가 된다.

음양사상은 세계에 대한 상보적(相補的)인 해석이다. 음양사상을 두고 서양철학의 대립적이고 이분적(二分的)인 세계를 지칭하는 것처럼 이해하는 것은 처음부터 잘못된 것이며, 서양철학이나 기독교에 길들여진 것이다. 서양철학의 이데아나 기독교의 절대신은 '고정불변의 존재'를 설정하고 있다는 점에서 공통적이다. 그래서 니체는 기독교를 대중적 플라토니즘이라고 갈파한 바 있다. 세계는 여러 상수(象數)로 설명할 수 있다. 상수학(象數學)은 실체의 수가 아닌 상징적 수를 말한다.

통일교의 사위기대 혹은 삼대상목적은 '서양철학과 기독교사상'과 '동양철학과 천부경 사상'을 창조적으로 융합한 철학적 성과라고 볼 수 있다. 여기에 문선명 선생의 철학자로서의 면모를 살펴볼 수 있다. '원리원본(원리강론)'은 매우 철학적인 결과물이며, 세계를 역동적으로 해석한, 천부경사상과 떼려야 뗄 수 없는 철학적 작품이다. 세계는 절대의 세계로 볼 수도 있고, 상대의 세계로 볼 수도 있다. 이것을 두고 절대-상대적 세계라고 할수 있을 것이다. 세계는 인과(因果)로 볼 수도 있고, 관계(關係)로 볼 수도 있다.

천부경은 기본적으로 무시무종(無始無終)의 순환론(循環論) 혹은 나선형적(螺旋形的) 사관을 기반으로 하고 있다. 반면에 기독교는 유시유종(有始有終)의 원환론(圓環論) 혹은 인과론 혹은 선형적(線型的) 사관을 기반으로 하고 있다. 그렇지만 유무(有無)라는 것이 대립하는 것이 아니라 상보(相補)하거나 동거(同居)하는 것이고 보면, 궁극적으로 무시무종과 유시유종이 다르다고 할 수 없다.

### 2) 천부경의 현대적 의미

천부경은 고대 동이족의 최고(最古)경전으로서 샤머니즘이 유라시아대륙을 횡행했을 때에 보편적인 경전으로 대접을 받았다. 그러나 그 후 세계인구가 번창하고 파미르고원에서 사방으로 퍼져나가면서(빙하가 녹아 해수면이 낮아지면서) 이 경전을 토대로 지구의 각 지역종교라고 할 수 있는 소위 고등종교인 유불선기독교이슬람교의 경전이 새롭게 쓰여 지기 시작했다. 그런 점에서 천부경은 인류의 경전 중의 경전이라고 해도 과언이 아니다. 천부경은 모두 81자 속에 경전의 핵심내용을 축약해놓았을 뿐만 아니라 상징적인 상수(象數)로써 우주의 이치를 담고 있다.

여기서 천부경의 내용과 그 현대적인 의미를 다 말할 수는 없지만 대략을 소개하면 다음과 같다. 천부경은 천경(天經), 지경(地經), 인경(人經)으로 편의상 나눌 수 있다. 천부경의 천경(天經)은 존재론과 현상학이 함께 있는 구절(一始無始一에서 一積十鉅無櫃化三까지)이다. 지경(地經)은 현상학이 있는 구절(天二三부터 運三四成環五七까지)이고, 인경(人經)은 존재론이 있는 구절(一妙衍에서 一終無終一까지)이다. 그러나 천부경은 세계를 실체로 보지 않기 때문에 독해에 있어서 완전한 마디를 정할 수 없다.

천부경 속에 오늘날 불교의 사상과 기독교의 사상이 함께 들어있다는 것을 알게 되면 지구촌의 초종교초교파운동과 평화운동이 자리매김을 하는 데에 큰 힘이 될 것이다. 또한 천부경 속에 동양과 서양의 철학이 함께 들어있는 것을 알게 되면 동서양문명의 통합과 지구촌문화의 통합에 큰 전기가 될 것이다.

천부경은 '일시무시일(一始無始一)에서 시작해서 일종무종일(一終無終一)로 끝을 맺고 있지만 인류의 최초의 경전이면서 동시에 인류의 최후의 경전으로서, 인류문명의 시종(始終)을 담고 있는 경전이라고 할 수 있다. 무시무종은 유시유종으로, 유시유종은 무시무종으로 얼마든지 해석할 수 있다.

| 천부경 (天符經) | 현상학-존재론 통합(天經) | 기독교와 불교의 통합 | 서양철학과 동양 철학의 통합 | 一始無始一에서 一積 十鉅無櫃化三까지 |
|---|---|---|---|---|
| | 현상학 (地經) | 기독교 (현상학) | 서양철학(哲學) | 天二三부터 運三四成 環五七一妙衍까지 |
| | 존재론 (人經) | 불교 (존재론) | 동양도학(道學) | 萬往萬來에서 一終無 終一까지 |

<천부경 속의 불교와 기독교>

천부경을 종교 및 철학과 연결시키면 지경(地經)은 현상학-기독교-서양 철학으로 연결되고, 천부경의 인경(人經)은 존재론-불교-동양도학으로 연결된다. 이들 현상학과 존재론을 통합한 것이 천부경의 천경(天經)이다. 천부경의 내용을 보면 우주는 무시무종(無始無終), 즉 시작도 끝도 없는 천지인의 순환체로서 변화무쌍한 생멸체이다. 그 가운데 인간은 우주의 이치를 깨닫고 활용하는 존재로서 결국 '인중천지일(人中天地一)'을 실현하는 구현체(具現體)이다. 인중천지일을 실현하는 인간을 동양에서는 도인(道人)이라고 말한다.

### 3) 천부경의 상수(象數)로 본 천지인참부모, 하늘부모

천부경은 일종의 미궁도(迷宮圖)이다. 처음과 끝이 '일(一)'자로 같고, 어느 곳에서 끊어도 의미가 통하고, 그 의미는 서로 가역왕래하고 있다. 그래서 해석의 정답이 없다. 일시무시일과 일종무종일은 바로 시종(始終)의 만남이고 이중성이다. 일(一)에서 일(一)로 시종함으로써 순환을 이룬다. 천부경의 중심은 육(6, 肉)이다. 육은 41자 째이고, 상호가역왕래의 중심에 있다. 그래서 중수(中數)와 인(人)의 만남이고, 천지부모(天地父母)의 자식(子)을 의미한다.

천부경의 상수학은 상수로서 인간과 우주의 변화를 설명하는 패러다임이다. 인간은 아버지(中數의 천, 4)와 어머니(중수의 지, 5) 사이에서 태어난 부모조상의 삼자합일지생(三者合一之生)의 자식(중수의 자, 6)으로 '아생(我生)의 존재'이다. 따라서 충효를 다하지 않으면 천지인(1, 2, 3)의 본수(本數)에 이르지 못한다고 한다. 인간은 하늘의 복록(末數의 7)과 땅의 먹이(말수의 8)로 살다가 결국 생멸(말수의 9)을 맞는다. 그렇지만 '내(我)'가 없으면 '세계'가 없는 것이다. 내가 바로 세계이다.

객관적인 세계라는 것은 자연과학의 허상이다. 말하자면 이는 문학의 허구의 진실과 같은 것이다. 옛 사람들은 신령(神靈)을 초자연적인(supernatural) 현상이라고 했지만 오늘날의 자연과학이야말로 초자연적이고 형이상학적인 현상이다. 자연은 형이상학도 아니고, 자연과학도 아니다. 자연은 그냥 존재(자연적 존재, 심물존재)이다. 자연은 인간의 인식체계에서 이해된 존재가 아니다.

본수는 하늘을, 중수는 사람을, 말수는 땅을 의미한다. 중수의 부모와 자식의 관계는 본수의 하늘(天)에도 적용될 수 있다. 그것이 '하늘부모'이다. 중수의 사람(人)에게도 천지인을 적용하여 '천지인참부모'가 될 수 있다. 그리고 말수는 삼라만상의 만왕만래를 의미한다. 인간은 천지의 발생 이후에 태어났지만, 태어난 뒤에는 천지의 사이에 있다. 천지의 사이에 있는 인간(사이-존재)은 천지중인간(天地中人間)과 인중천지일(人中天地一)을 선택하지 않으면 안 된다. 전자의 인간은 '역사철학적 인간'이고, 후자의 인간은 '본래존재적 인간'이다. 후자의 경지에 이른 인물을 우리는 성현(聖賢)이라고 부른다.

천지를 부모로 본 것은 동양의 오랜 전통이다. 특히 구한말에 탄생한 동학(東學)의 정신은 바로 천지부모(天地父母)를 새롭게 천명하고 있다. 그런데 부모가 제대로 부모의 노릇을 하지 못하고 있으니 '천지인참부모'라는 말(복음)이 새롭게 탄생하게 되었다. 인(人)의 자리에 '참(眞)'이라는 말이 들어가는 것과 함께 '부모'도 '참부모'가 되어야 하는 필연성이 대두되게 되었다. 오늘날 참부모, 참사랑을 부르짖게 된 까닭은 인류가 개인주의나 이기주의, 물질만능주의와 기계주의로 인해 그것을 잊어버렸기 때문이다.

인간은 '참부모'가 됨으로써 천지를 알게 되고, 천지의 '참도리'를 알게 되는 특이한 생물종이다. 사람을 비롯해서 만물은 제자리를 알고 그 지식(앎, 알음알이)을 바탕으로 살기보다는 먼저 살고, 더 정확하게는 자신도 모르게 부모의 아들딸로 태어나서 양육되고, 다시 부모가 되는 삶의 순환적인 과정, 즉 삶(살림, 살림살이)을 통해 세계를 알게 된다고 보는 것이 세계에 대한 보다 적절한 표현일 것이다.

| 象數 | 하늘/부모 | 天 | 地 | 人 | 5가 生數(1, 2, 3, 4, 5=선천수)의 體이고, 10이 成數(6, 7, 8, 9, 10=후천수)의 體이다 |
|---|---|---|---|---|---|
| 本數 (天) | 천주부모 (하늘부모) | 1(1) | 2(1) | 3(1) | 三神(造化神, 治化神, 敎化神)은 一神이다 천일일(天一一) 지일이(地一二) 인일삼(人一三) |
| 中數 (人) | 천지인 (참)부모 | 4 (父) | 5 (母) | 6 (子) | 아생(我生)으로서 유형의 존재가 태어난다(충효가 없이는 하늘에 도달할 수 없다) 대삼합육(大三合六) |
| 末數 (地) | 천지부모 삼라만상 (萬往萬來) | 7 (복록) | 8 (먹이) | 9 (생멸) | 생성쇠멸(生成衰滅)한다. 0(10)은 완성수이다. 생칠팔구(生七八九) |

<天符經, 十一九 回通圖>

기독교의 하느님아버지는 아버지라고 말하지만 실은 그 의미는 초월적이고 추상적인 하나님이었으며, 그렇기 때문에 몸(신체)을 가지고 태어난, 육화된 하나님을 필요로 하였다. 예수는 그 대표적인 인물이다. 기독교의 하느님아버지는 초월과 추상적인 이미지를 인간적으로 혹은 가정적으로 표현한 일종의 존재자적 호칭(존재신학적 부름 혹은 요청)이었다고 할 수 있다.

이에 비해 통일교-가정연합의 천지인참부모의 정착과정을 보면, 천주(天宙)부모에서 천지(天地)부모로, 천지부모에서 천지인(天地人)부모로, 그리고 천지인부모에서 천지인참부모로 4단계의 변화를 보이고 있다. 그 후 문선명 총재 성화(聖和) 후에 천주부모는 한학자총재에 의해 하늘부모(하늘부모성회)로 대체되었다. 이것은 종래보다 훨씬 한글화·대중화되었다고 볼 수 있다.

통일교가 천주부모, 천지부모, 천지인부모(천지인참부모)를 정착한 것은 2004년 5월 5일, 여수 청해가든에서 쌍합십승일(雙合十勝日)을 선포기념하고, 안시일(安侍日: 安着侍義日)로 정하고부터이다.

문선명 총재의 천부경이해를 가장 잘 확인할 수 있는 말씀은 '중심복귀'를 설한 대목이다.

"상중하, 3수가 됩니다. 그 다음에 좌중우, 전중후 해서 삼삼은 구(3×3=9)입니다. 거기에 천주·천지·천지인부모 해서 12수입니다. 10수를 통해서 12수를 맞춰서 모든 것이 쌍을 이뤄 가지고 십승일, 비로소 안시일을 맞은 것입니다. 그 위에 모두 섬으로 말미암아 하나님의 조국과 왕국이 생기고, 하나님이 지으신 일체의 모든 존재는 하나님의 나라에 귀일되기 때문에 선천시대와 후천시대로 달라졌다는 것을 확실히 알아야 됩니다."[11]

천부경에 대한 더 깊은 이해를 표명한 대목은 '하늘 수 복귀' 대목이다.

"제일 문제가 뭐냐? 하루 이틀 날의 주인이 누구냐? 사탄입니다. 24시간 사탄권 안에서 모든 아벨들이 걸리게 된다면 용서 없이 피를 흘리고, 눈물과 피를 보지 않으면 안 되는 길을 걸어왔지만 그것이 해소되어 가는 것입니다. 이젠 출발수, 1수도 하늘이요, 2수도 아담완성, 3수도 해와, 1 2 3 4 가정 정착 4수, 그 다음에 왼편이 하늘에 서고 오른편 5수를 중심삼고 자리잡음으로 말미암아 3대 조상들을 중심삼고 6수, 6수가 상하와 전후좌우를 중심삼은 7수를 중심삼고 통일된 그런 자리에서 하늘 앞에 승리의 패권을 세움으로 말미암아 재출발 수 8수, 8수에서 9수, 사탄세계의 사 오 이십(4×5=20)이 되는 것입니다."[12]

문총재가 천부경에 대한 이해를 가장 일상적으로 말한 대목은 다음 구절이다.

"투전판에서 사 오(4, 5)가 제일 문제라구요. 사 오 이십(4×5=20)수 승수로 하게 되면 4수와 5수의 20수를 택한 거은 뭐냐? 4수와 5수가 사탄 전권을 중심삼은 9수였다는 사실! 그것을 밟고 넘어섬으로 말미암아 10수, 10수는 귀일수인데 본연의 귀일수, 창조이상 수인데 하나님이 자리에 들어가고, 아담이 자리에 들어가고, 해와가 자리에 들어가 가지고 사위기대

---

11) 세계평화통일가정연합,『後天시대와 天地人참父母』, 성화사, 2009, 284쪽.
12) 위의 책, 286쪽.

5수, 상현 하현, 우현 좌현, 전현 후편이 되는 것입니다. 상현을 중심삼고 권한을 잡아 가지고 그 자리에서 6수를 탕감해 가지고 3대권을 중심삼고 안식권을 넘어서 8수로 넘어갈 수 있어서 9수 사탄 이상의 수리적인 모든 배수를 중심삼은 20수를 밟고 넘어서는 것입니다. 10수라는 것은 10수만 이 아니라 백, 천, 만의 전부가 되는 것입니다."

문선명 총재는 천지인사상의 틀에 맞게 천주·천지·천지인부모를 갖추려 서 보여주었다.

"우리 통일교회는 천주·천지·천지인부모를 말합니다. 3단계를 거쳐서 실체적이고 인성적인 사람의 몸뚱이를 쓴 부모로부터 아들딸이 생겨나는 것입니다. 천주부모인 무형의 신, 중화적 존재에서는 아들딸이 안 나옵니 다. 그래서 천지부모와 둘이 하나되어 가지고 사람으로서 천지인부모의 자 리를 거쳐야만 아들딸을 낳아 가지고 가정이 생겨나는 것입니다."[13]

"천주부모는 무형의 신으로 무형세계의 주인이요, 천지부모는 땅의 주인 으로 아담 완성의 주인입니다. 그런데 천주부모가 못 됐고 천지부모가 못 됐습니다. 하늘부모와 땅부모를 연결시켜서 사람이 주인으로 정착해야 됩 니다. 천지인부모만이 땅에 정착하는 것입니다. 천주부모, 천지부모도 정 착 못 했기 때문에 아무 실효가 없는 것입니다. 천지인부모! 하나님이 아담 몸 가운데 들어가고 해와의 몸 가운데 들어가서 실체를 쓴 부모가 돼 가지 고 아들딸을 낳아야만 정착하는 것입니다. 3대를 갖지 못한 하나님은 땅에

---

13) 위의 책, 406쪽.

임재할 수 없는 것입니다. 그러니 재림주가 지상에 있어서 인격적 신, 사람으로서의 영계와 육계의 아버지, 3대 아버지의 자리를 가져야만 정착하게 됩니다."[14)

안시일은 기독교의 종래 안식일(安息日)을 문선명 총재가 기독교의 메시아적 사명에서 최종승리를 거두는 것과 동시에 이를 기념하기 위해 정한 것이다. 여기서 '시의(侍義)'의 의미는 '의로움을 모신다.'는 뜻이다.

'의로움을 모신다.'는 의미는 공생공영공의(共生共榮共義)의 공의(共義)의 의미와 함께 통일교가 최종적으로 동양의 도의(道義)를 추구하고 있음을 볼 수 있다. 기독교의 '메시아사상'과 동양의 '도학(道學)사상'이 서로 만나고 있음을 볼 수 있다. 이것은 말만의 초종교초교파를 추구하는 것이 아니라 구체적인 프로그램으로서 그것을 실천하고 있음을 증언하고 있다.

2004년 쌍합십승일(雙合十勝日)을 명명한 문선명 총재는 안시일(安侍日: 安着侍義日)을 선포한다. 이는 종래 기독교의 안식일(安息日)을 의로움(義)을 모시는 날로 변경하였음을 의미한다. 그 다음 해인 2005년 9월 동양사상의 후천개벽(後天開闢)의 의미를 통일교-가정연합에서 드러낸다. 그 다음 해인 2006년 9월에 기독교의 '아멘' 대신에 '아주(我住)'라는 말을 기도의 끝말로 사용하게 한다.

---

14) 위의 책, 407쪽.

| 통일교-가정연합(문선명-한학자총재) | | 초종교초교파의 달성 |
|---|---|---|
| 서양의 기독교 | 동양의 도학(道學) | 동서양 종교의 특징 |
| 메시아사상 | 도학사상 | 기독교와 도학의 융합 |
| 메시아적 사명의 완성 | 공의(共義)-도의(道義)<br>-시의(侍義) | 아주(我住: 我主→ 我住)<br>2006 9월 14일 |
| 기독교 성서의 완성<br>(천주평화연합(UPF) 창설) | 후천개벽(後天開闢) 선포<br>(통일교=동학+기독교) | 인류문명의 원시반본<br>2005년 9월 12일 |
| 안식일(安息日) | 안시일<br>(安侍日: 安着侍義日) | 쌍합십승일(雙合十勝日)<br>2004년 5월 5일 |

<메시아사상과 도학사상의 융합>

제자들이 '아주'의 한자가 '아주(我主)'가 아니냐고 반문하니까 '아주(我住)'라고 강조하면서 '살' 주(住)자임을 주지시킨다. 이것은 통상 기독교인이 기도 끝에 '아멘'이라고 하면서 기원을 마치는 것을 '나 아(我)+ 살 주(住)'자의 결합을 통해 발음은 비슷하면서 의미는 전혀 다른 것으로 의미변전 시킨 것이라고 볼 수 있다. 주(住)자의 의미는 '주(主, 神)'를 모시는 차원이 아니라 "천국에 산다는 뜻" "내 집에 산다는 뜻"이다. 신을 몸에 체화 혹은 체휼하여 함께 사는 것을 의미한다. 내 몸속에 신이 함께 사는 것을 의미한다. 이는 기독교에 대승사상을 도입한, '대승기독교'의 길을 개척하는 상징적 용어이다. '아주'는 기독교와 불교의 융합을 드러내는 결정적인 용어이다.

| 主人 | 我住 | 主人 → 我住 |
|---|---|---|
| 가정맹세 | 기도하는 마음가짐 | 나와 하나님이 하나가 됨 |
| 천일국의 주인이 되어야 함 | 하나님이 내 몸에 거주함 "천국에 산다." "내 집에 산다." | 心身一切, 神人一體 |
| 自身, 自信 | 自新, 自神 | 自身 自信 自新 自神 |
| 종의 기독교 → 주인의 기독교 | 대승기독교=불교(깨달음) | 종족적 메시아 |

<주인기독교에서 대승기독교로>

'아주'는 통일교-가정연합이 기독교의 '모시는 신'에게 '실천하는 신'으로, 즉 불교의 '상구보리(上求菩提) 하화중생(下化衆生)'정신을 실천하는, 대승보살정신의 총화를 표상하는 용어라고 할 수 있다. '믿음의 종교'에서 '깨달음의 종교'로, 다시 '깨달음의 종교'에서 '실천하는 종교'로의 변신을 선포한 것이었다. 이는 동시에 고대 천지인사상의 순환과 융합을 오늘에 되살리는 것이었다.

문선명 총재는 세계일보 창간사지(社誌)에서 '조국통일의 정론' '민족정기의 발양' '도의세계(道義世界)의 구현'을 말했다. 안시일의 '시의(侍義)' 공생공영공의의 공의(共義), 그리고 도의세계 구현의 도의(道義) 등 이들 모두에서 옳을 의(義)자를 추구하고 있음을 볼 수 있다.

하늘부모는 초월과 추상의 하느님이라기보다는 처음부터 매우 존재론적인 성격을 지니고 있다. 무엇보다도 천지인참부모는 천지인사상을 토대로 한 존재론적인 부름 혹은 명명이라고 볼 수 있다. 여기서 존재론적인 호칭은 소유적 의미가 배제된 특성을 갖는다. 이는 천지인사상의 존재론적인 특성을 계승하기 때문이다.

천지인참부모, 하늘부모는 자연적 존재로서의 하느님, 다시 말하면 몸을 가진 부모에게서(혹은 인간 각자에게서) 하느님을 현재적(현존재적)으로, 구체적으로 확인하는 방식이다. 이때의 하느님은 자연의 순리를 거스르지 않는 원시반본(복귀섭리)적 의미의 '신법자연(神法自然)의 하느님'이다. 신과 인간과 자연은 이제 하나가 되는 천주통일적(天宙統一的) 입장에 있게 된다. 이는 무엇보다도 여성해방, 사탄해방, 사물해방을 미리 실현한 때문이다.

천지인참부모, 하늘부모가 되는 역정은 기독교와 불교의 통합, 불교와 도교의 통합, 유교와 선도의 통합을 통해 모든 종교의 통합을 도모하는 의미가 숨어있다. 기존의 모든 고등종교를 해체하는 가운데 가정연합을 통해 초종교초교파를 달성하는 우주론적 완성의 의미가 여기에 내재해있다.

이로써 통일교-가정연합의 천지인참부모(샴태극음양), 하늘부모(태극음양)는 기독교의 초월과 추상에서 자연으로 내려와 불교의 만물만신(만물부처, 여래장사상)을 거쳐 나의 몸을 낳아준 유교적 부모를 모두 하느님(하나)로 인식하는, 통일교적(현상학적) 혹은 존재론적 화합과 화해의 의미를 갖는다고 할 수 있다. 이것이야말로 유불선기독교를 아우르는 '새로운 신(하느님)'에 대한 규정이라고 할 수 있을 것이다.

## 4) 니체, 초인, 문선명, 그리고 풍류도(風流道)

문선명과 니체를 결부시켜서 말한 것은 아마도 필자가 처음일 것이다.[15] "신은 죽었다."라고 선언한 니체와 새롭게 '하나님주의(Godism)'을 주장한 문선명은 얼른 보면 정반대인 것 같으면서도 실은 바통을 주고받는 관계에 있다. 둘은 기독교문명사에서 매우 경계선상의 인물이다.

필자는 『메시아는 더 이상 오지 않는다』에서 이렇게 말했다.

> 종래 보수 기독교 신학에 대해 가장 혁명적인 반기를 든 인물이 바로 '신은 죽었다.'라고 선언한 니체이다. 지금에 와서 보면 니체가 죽인 신은 진정한 신이 아니라 도리어 인간이 만든 위선의 신, 도덕적인 신이다. 니체는 도리어 진정한 신을 찾아 나선 셈이다. 그는 기독교의 신과 예수 그리스도를 분리한다.
>
> 니체는 『안티크리스트』에서 그리스도교 신개념, 도덕, 교리와 사제와 제도 등을 비판하면서 '종교로서의 그리스도교'에 대한 회의적인 사상을 전개한다. 이는 진정한 그리스도성 찾기 작업이라고 말할 수 있다. 그는 신을 죽인 장본인은 도리어 교회와 인간이라고 강조한다. 그래서 니체의 신의 죽음 선언은 도리어 신의 죽음에 대한 고발적 성격이 강하다. 도리어 '왜 신을 죽였느냐?'고 반문하는 투다.

---

15) 박정진, 『메시아는 더 이상 오지 않는다』(미래문화사, 2014), 257~264쪽.

니체는 그리스도 교회는 살아있는 신의 집이 아니라 죽어버린 신의 무덤과 묘비에 불과하다고 말한다. 이는 사제들의 권력추구 욕망에서 비롯되었다는 것이다. 그는 인간 스스로 신의 역할을 대신하여 존재와 의미와 가치의 근거가 되어야 한다고 주장한다. 이것이 바로 그가 말하는 위버맨쉬(Ubermensch), 즉 초인인 것이다. 그런 점에서 예수야말로 메시아이기 전에 초인이다.

예수에게 메시아(과거)의 이름을 붙이고 재림예수(미래)를 기다리게 하여 구세주의 유형을 만든 것은 인간이다. 동시에 예수를 죽인 장본인은 신에 병든 인간이었으며 이는 인간의 복수라고도 말할 수 있다. 자기경멸과 자기부정에 빠진 인간은 눈으로 목격된 신이자 연민의 신에게 복수의 앙갚음을 한 셈이다.

예수와 예수의 복음이 왜곡되기 시작한 것은 '십자가에서의 죽음'이라는 사건 때문이다. 도리어 복음이 십자가에서 죽어버렸다. 그 순간 복음(福音, Evangelium)은 복음이 아니라 나쁜 화음(禍音, Dysangelium)이 되어버렸다. 오직 한 사람의 그리스도교인이 존재했었고, 그는 십자가에서 죽은 셈이다.

신의 죽음은 진정한 그리스도성을 왜곡시킨 교회와 사제에 있었다. 교회는 사제의 권력으로 변질되었던 것이다. 이러한 니체의 사상은 문선명의 사상에서도 보인다. 통일교는 우선 십자가상을 인정하지 않는다. 그리고 예수를 죽인 유대인이나 바리새인들, 율법학자들, 제사장들을 비판한다.

문선명도 진정한 그리스도라면 몸을 가진 현재적 그리스도가 되어야 했다. 그래서 그는 자신을 '실체적 메시아'라고 부르게 했다. 어쩌면 문선명이야말로 예수 이후의 진정한 메시아인지 모른다. 단지 그는 십자가에서 처형되지 않음으로써 '십자가의 죽음'이라는 왜곡을 당하지 않아도 되었다.

문선명은 정오정착(正午定着)을 주장했다. 니체는 초인을 '정오의 인간'으로 묘사했다. 초인은 인간의 위대한 정오이자 세계에 정오를 선사하는 인물일 수 있는 것이다. 니체는 말한다. '모든 신은 죽었다. 이제 위버멘쉬가 등장하기를 우리는 바란다.'

**니체와 문선명의 공통점에 대해 기술한 필자는 이렇게 마무리하고 있다.**

문선명은 끝없이 기독교의 하나님을 위로하고자 했으며, 그를 고통에서 해방시키고자 노력한 인물이다. 그는 간절한 기도와 노력을 통해서 도리어 기독교의 신을 위로했으며, 종래의 천지창조자로서 기독교의 신의 개념을 벗어나고자 했다. 그는 결국 신과 자리를 바꿀 정도로 현재의 신의 위치에 이른 셈이다. 이는 현상학적으로 달성할 수 있는 인간의 최고의 경지이다. (중략)

문선명만큼 창조적으로 생을 산 인물, 초인적 인물을 찾기는 어려울 것이다. 그는 종래 기독교의 절대신 개념이 아닌, 유물론을 극복하는 '하나님주의(Godism)'라는 용어를 소련을 공산주의로부터 해방시키면서 만들어내기도 했다.

문선명은 평소에 유불선기독교의 사교회통은 물론이고, 모든 종교를 넘어서는 초종교 초교파를 지향함으로써 '죽은 종교'의 시대를 청산하게 했으며, 죽기 전에 가정교회를 주장했다. 이는 사제의 종교, 교회의 종교, 사찰의 종교를 해체한 인물이다. 비록 통일교라는 이름에서 시작하였지만 그는 신의 의미에 대해서 누구보다도 탁월한 해석과 실천을 한 인물이다.

그는 '살아있는 신'을 되살리려고 한 점에서 니체의 주장을 실천한 인물이기도 했다. 그는 동시에 메시아의 완성을 통해 전지전능한 메시아의 개념을 없앴으며, 메시아의 등장으로 문제를 한꺼번에 해결하고, 항상 메시아를 미래의 시간에 위탁하는 거짓선지자, 위선의 사제의 시대의 막을 내린 인물이기도 하다. 그가 그렇게 기운생동의 신, 살아있는 신, 기운생멸의 신이 된 것은 동양의 전통적인 천지인 사상, 천지신명사상에서 힘입은 바가 컸을 것이다.

한국을 중심으로 20세기에서 21세기에 걸쳐서 일어난 문선명 현상은 앞으로 얼마든지 신학적 해석과 논의로 '열린 신'의 문제를 우리에게 남겨두고 있다고 해도 과언이 아니다. 문선명은 인류로 하여금 각자 메시아의 시대로 나아가게 함으로써 시간을 넘어선 '진정한 메시아', '살아있는 신'을 깨닫게 한 인물인지도 모른다.

문선명은 니체의 '초인'사상을 역사적으로 실천한 인물일 가능성이 높다. 그가 기성 기독교의 '닫힌 신'을 비판하고 '십자가를 버린 점', 그리고 창조적 인간으로서 메시아를 기다리지 않고 '스스로 메시아가 되고자 평생 노력한 점'에서도 그렇다.

문선명과 니체는 서구 기독교 사상의 바탕 위에서 기독교를 극복하고자 노력한 창조적 인물, 초인이다. 그런 점에서 인류의 문명이 서양중심에서 동양(동아시아)중심으로 문명 축을 이동하는 우주적 전환기에 그 경계선 상에 있었던 인물이라는 공통점이 있다.

기독교를 빼고는 서양문명을 말할 수 없지만, 서양문명의 완성은 서양에서 이루어지는 것이 아니고 어쩌면 동양에서 그것의 완성과 새로움을 찾을 가능성이 높다. 한쪽에서의 죽음은 다른 쪽에서의 삶, 부활, 재생, 복귀를 의미하는 경우가 인류사에서는 종종 있어왔다. 이것은 자연의 거대한 생멸과정의 하나일 것이다.

니체가 말하는 초인(超人)을 역사적으로 실현한 인물로서 문선명의 인물 됨에 대해서는 앞으로 계속해서 살펴볼 필요가 있다. 우선 니체의 사상을 기독교내에서 수용하고 발전시킨 흔적을 곳곳에서 발견할 수 있으며, 그것을 실현하는 데 있어서 한민족의 고유한 경전인 천부경의 천지인사상과의 융합을 통해 효과적으로 실현하고 있음을 확인할 수 있다.

그 중 가장 대표적인 것은 '정오정착'사상이다. 문선명의 '정오정착'은 니체의 '정오의 인간'을 기독교적으로 해석한 것으로 볼 수 있다. 니체의 영원회귀 사상은 순간(augenblick=moment)의 생성이 영원히 계속되는 것을 말함으로써 영원회귀(Ewige Wiederkunft)를 주장하고 있는데 반해 문선명은 이를 기독교적 영원(영생)으로 전환시키고 있다. 전자는 무신론의 관점에서, 후자는 유신론의 관점에서 말하고 있긴 하지만 둘은 통한다.

이것은 순간순간의 창조와 생명을 표출하는 예술가의 세계관이라고 할 수 있다. 영원회귀는 생멸하는 세계에 대한 긍정이라고 할 수 있다.

니체의 예술철학의 핵심이라고 할 수 있는 '디오니소스와 아폴론의 비교'는 문선명의 예술과 과학을 동시에 중요시하는 태도에서 찾아볼 수 있다. 문선명은 또한 원리(원리원본)와 종교의례를 동시에 중요시하는 삶의 태도를 보였는데 이는 충분히 한국문화의 전통이라고 할 수 있는 '풍류도(風流道)'와 통하는 것이라고 볼 수 있다. 풍류도의 입장에서 보면 문선명의 인물됨을 살펴보면 풍류도인의 현대적 완성이라고 해도 무리가 없다. 초인은 디오니소스와 아폴론이 융합된 '풍류도인(風流道人)'이라고 해석해 보는 것도 유의미할 것이다.

지금까지 서양의 이데아와 이성철학에 훈습되어온 한국의 철학자들은 니체를 너무 과대평가하는 경향이 있어왔다. 서양철학을 기준으로 볼 때는 매우 니체가 매우 도발적인 것은 물론이고, 서양철학사 전체를 전복하는 철학자임에 틀림없지만, 그러한 철학적 도전의 힘이 실은 동양철학과 불교철학에 힘입은 바 컸다는 사실에 주목하면, 니체는 도리어 동양철학에 접근한 인물이라고 할 수 있을 것이다. 다시 말하면 니체는 서양의 이성철학에서 동양의 시(詩)철학, 은유의 철학, 예술철학에 눈을 뜬 시인이라고 할 수 있을 것이다.

서양철학적 전통에 반기를 든 예외적 존재로서 니체의 행보는 동양철학의 입장에서 보면 그리 놀랄 일이 아니다. 따라서 니체에 대해 서양철학자들이 호들갑을 떠는 만큼 우리도 따라갈 이유가 없다. 니체의 예술철학, 디오니소스와 아폴론을 통한 예술철학은 동양에서는 실은 익숙한 것이다.

요컨대 한국의 풍류도(風流道)철학을 가지고도 니체철학과 비교를 달성할 수 있다. 쉽게 말하면 니체는 동양의 생성론(生成論)을 깨달은 자로서 생성을 존재로 환원시키고자 한 인물이다. 말하자면 새로운 차원의 존재론의 문을 연 인물이다. 그가 그렇게 될 수 있었던 이유는 인간이 자연으로부터 소여 받은 신체와 욕망에 대해 아무런 가식 없이 받아들이는 진솔함을 지녔기 때문이다.

디오니소스와 아폴론은 대립적(對立的)인 위치에 있지만 동시에 서로를 존재케 하는 상보적(相補的)인 위치에 있는 것으로 나타났다. 말하자면 서양철학의 이분법(二分法)을 벗어나면서 대립된 세계의 이중성(二重性)을 인정하는 과감함을 보였다. 니체의 초인에 대한 여러 복잡한 설명이 있긴 하지만 크게 보면 대립과 상보를 동시에 인정하는 니체철학의 중층성과 복합성을 한 인간의 몸에서 용납할 수 있을 때 달성되는 이상적 인물상이 초인임을 알 수 있다.

문선명의 철학이라고 할 수 있는 원리원본(원리강론)이 이성적 작업의 결과라면 한(恨)의 하나님, 심정의 하나님은 바로 신체를 기초로 한 철학의 소산임을 알 수 있다. 말하자면 문선명은 원리와 심정을 동시에 달성한 〈천부경적 사건의 인물〉이면서 〈풍류도적 인물〉임을 알 수 있다.

이성과 감정, 사랑과 지혜, 철학과 종교, 예술과 문화에 두루 관심을 가지면서 한 인간 안에서 대립적인 것을 동시에 통섭한 인물이 문선명이다. 이에 더하여 산업시대를 맞아서 기업가적 면모도 십분 발휘하였음은 물론이고 스포츠와 무예에 관하여도 일가견을 이룬 말하자면 문화의 총체성(wholism)을 달성한 인물이 전인적 인물이다.

요컨대 그는 통일교-가정연합을 창시한 것을 물론이고, '가인·아벨 원구(圓球) 피스컵(Peace Cup) 천주연합대회' '세계무도 피스컵 대회'라는 통일교 내의 작은 올림픽과 무예대회를 창설하는 한편 '세계과학자대회'를 개최하는 등 전(全)문화적인 활동을 벌였다. 또한 세계평화통일무도연합회를 창설토록 명한 바 있다.

리틀엔젤스와 유니버설발레단을 창설하는 등 예술교육분야에도 괄목할 만한 업적을 남겼다. 또 천주평화연합(天宙平和聯合, UPF)과 세계평화여성연합 등의 유엔 비정부기구를 만들어 유엔갱신운동을 펼친 것도 인류애적(人類愛的) 인물임을 보여주는 좋은 예이다.

생전에 이룬 모든 업적을 살펴보면 문선명은 천부경적 사건의 인물이면서 동시에 풍류도적 인물임을 알 수 있다. 이는 니체가 말한 초인에 해당하는 인물이라고 해도 전혀 손색이 없는 인물이다. 도리어 니체야말로 문선명과 같은 인물을 상상하면서 초인이라는 이상적 인물을 상정했을 가능성이 높다. 천주통일(天宙統一), 천주천일국(天宙天一國)은 천일국의 완성된 모습이다. 그가 성화하기 전에 스스로 붙인 천일국진성덕황제(天一國眞聖德皇帝)는 초인의 다른 이름이라고 할 수 있다.

지상천국(地上天國)의 완성 없이 천상천국(天上天國)을 말하는 것은 공염불에 가깝다. 지상의 삶에서 참사랑을 실천하지 못하고, 죽어서 천국에 간다고 하는 것은 생의 욕망의 연장에 지나지 않는다. 더구나 물질만능시대를 살고 있는 제도적 종교들이 자본주의 체제에 물들어서 돈(자본)을 신의 위치에 올려놓는 한편 많이 가진 자가 천국에 갈 확률이 높은 정황으로는 결코 공생공영공의를 달성할 수 없을 것이다.

초인으로서의 문선명은 무엇보다도 무형(無形)의 하나님으로서 성상(性狀)과 유형(有形)의 하나님으로서 형상(形相)을 주장했다는 점은 그가 서양철학과 동양철학에서 정통했다는 사실과 함께 이를 종교적으로·신학적으로 조직화하는 데에 탁월한 능력을 발휘하였음을 보여준다.

한국에서 기독교 갱신운동이 일어난 것은 한민족 특유의 전통 하느님(한울님) 사상과의 창조적 융합의 사례로 볼 수 있다. 특히 종래 '종의 기독교'에서 '주인의 기독교'로 전환하는데 있어서 천지공사적(天地公事的) 스케일과 신학의 구성에서 섬세한 디테일을 보인 것은 전인적인 인간이 아니고서는 달성할 수 없는 성과를 거두었다고 평가할 수 있다. 그 중요한 신학적 용어들을 열거하면 아주(我住)/천주통일(天宙統一)/천주천일국(天宙天一國)/천일국진성덕황제(天一國眞聖德皇帝) 등을 들 수 있다.

**아주(我住): 주인정신: 하나님과 함께 거주함=신인(神人)일체**
**천주통일(天宙統一): 우주(宇宙)와 영성(靈性)을 하나로 통일**
**천일국진성덕황제(天一國眞聖德皇帝): 영계의 황제로 등극=하나님**
**을 불쌍히 여기는 인간**

천지인(天地人)은 인류학적·사회문화적으로 성성성(聖姓性)으로 표상

될 수도 있다. 천(天)=성(聖)=본성(本性)=신성(神聖)=성현(聖賢), 인(人)=성(姓)=권력(權力)=이름(名), 지(地)=성(性)=본능(本能)=자연(自然)을 의미하고, 이들이 하나로 순환할 때 천지인이 하나가 된다. 문선명에게 있어 천지인(天地人)과 성성성(聖姓性)은 하나로 구현되었다.

| 天(氣) | 聖(本性) | 신성(神聖)=성현(聖賢) |
|---|---|---|
| 人(神) | 姓 | 권력=이름(名) |
| 地(精) | 性(本能) | 본능(本能)=자연(自然) |

　문선명의 일생은 동서양의 종교와 문명을 통합하면서도 참사랑을 바탕으로 인류의 공생공영공의를 새롭게 제안하였다는 점에서, 그리고 궁극적으로는 인류의 평화를 달성할 것을 종용하였다는 점에서 전대미문의 업적을 거두었다고 말할 수 있다. 그가 생전에 거둔 업적들은 제자들과 후손, 후학들에 의해 계승되어야 그 빛을 발할 수 있을 것이다.

　이러한 메시아적 사명을 완수하기 위해서 그는 종족메시아사상을 유언으로 남겼다고 볼 수 있다. 종족메시아사상은 각자 자기가 서 있는 자리에서 메시아사상을 실천하는 것으로서 이는 개인의 인격완성과 필연적으로 관계를 지을 수밖에 없다. 이는 물론 주인기독교의 정신과 일치를 이룬다.

　니체와 문선명의 결정적인 차이는 니체는 '힘(권력)에의 의지'로서 그의 철학을 총정리한 데 반해 문선명은 '평화에의 의지'로 그의 철학과 사상을 마무리하고 있다는 점이다. 니체의 철학은 후대 철학자의 해석 여하에 따라 해체주의 혹은 전체주의 혹은 기계주의로 나아갈 세 갈래의 가능성이 있다. 그 결과가 바로 데리다의 해체주의(사회해체), 국가주의의 과잉으로 인한 파시즘현상, 그리고 들뢰즈의 차이-복제 혹은 기계-생성주의 등에서 드러나고 있다.

하이데거의 존재론도 폭넓게는 니체의 세례를 받은 것이라고 말할 수 있다. 하이데거는 니체를 '서양 형이상학의 완성자'라고 하지만 그 이면에 도사리고 있는 그의 기술문명에 대한 호의적인 태도에 대해 회의를 표명하면서 니체를 비판하고 있다. 하이데거의 존재론은 니체보다 훨씬 더 동양의 도학과 불교의 생멸론에 접근하고 있다.

문선명의 철학사상에는 현상학과 존재론, 헤겔적인 것과 니체적인 것, 기독교와 불교, 서양과 동양, 여성성과 남성성 등이 교묘하게 절충되고, 통합되고 소통하고 있다. 이것은 철학적으로 존재론과 현상학의 화해라고 말할 수 있을 것이다. 또한 철학적 진공묘유라고 명명해도 크게 틀리지 않을 것이다.

결론적으로 문선명의 삶을 총체적으로 바라보면서 초인사상과 결부시켜 말하면 "문선명은 주인(主人)정신과 공생공영공의라는 이상을 통해 우주(天宙)와 평화(천일국)를 긍정적으로 욕망한 운명애(運命愛, Amor Fati: 운명을 사랑한, 사랑을 운명으로 생각한)의 소유자였다."고 말할 수 있다.

| 니체 | 천부경(天符經)-풍류도(風流道): 理 ↔ 物 ↔ 氣 | | 記標/唯物/唯氣(唯機) |
|---|---|---|---|
| 超人:<br>문선<br>명/我主<br>/天宙統<br>一/天宙<br>天一國/<br>天一國<br>眞聖德<br>皇帝/天<br>地人:聖<br>姓性이<br>하나가<br>됨 | 풍류(風流, 氣) | 도(道, 理) | 자연 |
| | 가무(歌舞) | 이성(理性)/儒佛仙기독교 | 문화 |
| | 디오니소스<br>(소리, 파동, 생명) | 아폴론<br>(빛, 입자, 조형) | 신화/언어 |
| | 신체/신화/<br>무의식(본능,욕망) | 이데아/존재/<br>의식(언어,법칙) | 철학/예술 |
| | 비조형성/비극(悲劇) | 조형성/음악(音樂) | 음악으로부터<br>비극의 탄생 |
| | 도취/황홀(恍惚) | 꿈/이상(理想) | 도취/이상 |
| | 박정진의 소리철학<br>(일반성의 철학):<br>일반적이고 보편적인 | 서양의 빛의 철학<br>(보편성의 철학):<br>보편적이고 일반적인 | 보편성의 철학/<br>일반성의 철학 |
| | 무형(無形)의 하나님:<br>性狀 | 유형(有形)의 하나님:<br>形相 | 무형/유형 |
| | 비실체론<br>(변화무쌍한 존재) | 실체론(고정불변의 존재) | 기운생동/물질 |
| | 자연(自然, 進化) | 문화(文化, 文明) | 자연/문화 |
| | 양자의 對立(二分法)과 相補(二重性)관계 | | 二分/二重 |
| 천주<br>천일국 | 기독교 공생공영공의주의: 운명애(運命愛, Amor Fati): 문선명은 주인(主人)정신으로 우주(天宙)와 평화(天一國)를 긍정적으로 욕망한 운명애의 소유자였다 | | 주인기독교의<br>완성 |

<니체-초인-문선명, 그리고 풍류도>

## 2. 평화를 위한 초종교유엔(UN)과 천주평화연합(UPF)

천부경적 사건으로 보면, 통일교-가정연합은 기독교를 천부경적으로 해석함으로써 기독교의 '닫힌 구조'를 '열린 구조'로 전환시켰으며, 탄력적인 해석을 통해 해석의 폭을 다양화하는 데에 성공했다고 볼 수 있다. 이를 인류문명사적으로 보면 동양과 서양의 문명을 융합하는 데에 성공한 것이라고 볼 수 있다.

통일교-가정연합이 특정 종교종파를 떠나서 열린 구조로 나아간 것의 가장 대표적인 사례가 종교운동을 유엔의 NGO(비정부기구)운동으로 편입시킨 것이며, 이를 통해 초종교초종파는 물론이고 초국가의 실현을 기도하고 있다. 여기서 초(超)는 탈(脫)의 의미를 함께 지니고 있다. 더욱이 통일교-가정연합이 현재의 UN(국가유엔)을 보완하는 방안으로 아벨유엔(초종교유엔)을 유엔의 상원으로 설치할 것을 주장하는 것은 인류의 항구적 평화를 위한 선견지명의 지혜로 보인다.

통일교가 가정연합으로 명칭을 변경한 것은 참으로 인류종교사에서는 획기적인 일이다. 이는 종교를 가정으로 돌려주면서 동시에 가정에서 부모를 끌어내오는 참부모의 역사였으며, 개인구원을 가정구원으로 돌려놓는 역사였다.

서양의 근대는 개인을 중심으로 세계를 일대 재편하는 혁명이었으나 그 결과로 가정이 소멸하는 위기를 초래한 것이 오늘의 현실이다. '나'라는 개체(개인)는 어디서 왔을까. 가장 확실한 근거는 가정이고 부모이다. 내가 내 스스로 태어난 것은 아니기 때문이다. 하늘(하나님)이 부모(하늘부모)가 되고, 천지인 참부모가 된 것은 이런 함의를 지니고 있다.

개인주의의 허점은 세계의 실체를 찾아내는 장점(이익)에도 불구하고, 가정을 잃어버리는 단점(손해)을 초래했다. 이제 인류에게 가정은 사라졌다. 그래서 전 세계적으로 가정을 회복하지 않으면 안 되는 상황(위기)에 처하게 되었다. 가정연합은 참으로 여기에 부응한 조치이다. 가정연합이 참부모와 참가정을 바탕으로 참사랑을 회복하고, 참스승과 참주인(3대 주체사상)을 찾을 것을 천명하는 것은 바로 이 때문이다.

가정연합의 의미가 국제연합, 즉 유엔(UN)으로 연결되는 것을 간과하기 쉽다. 가정연합의 '연합'은 한 종교의 운동을 세계적으로 가장 큰 공식기구인 유엔과 접목시키는(접붙이기하는) 의미를 내재하고 있다. 이는 한 종교의 초종교운동, 탈종교운동을 의미하는 동시에 한 종교가 세계정부(세계국가)와 융합하는 일대 사건인 것이다. 국가유엔(하원)이 종교유엔(상원)과 결합하는 것은 '신들의 전쟁'을 '신들의 평화'로 전환시키는 혁명 중의 혁명인 것이다. 아시다시피 국가는 전쟁의 산물이고, 종교는 그 속에서 평화를 사랑하는 제도였으며, 운동이었다.

## 1) 국가유엔 플러스 종교유엔

현재의 유엔은 여러 국가들로 구성된 국가유엔(가인유엔)이면서 그 성격은 국가를 초월하는 초국가유엔이다. 그렇다면 종교유엔(아벨유엔)은 여러 종교들로 구성된 종교유엔이면서 초종교유엔이 된다. 인류의 항구적인 평화를 위해서는 국가유엔으로는 여러 면에서 한계에 직면하고 있다. 특히 종교가 전쟁발단의 원인이 된 경우는 국가유엔의 활동으로는 효과를 달성하기 매우 어렵다. 그래서 세계 여러 종교의 대표로 구성된 초종교유엔이 필요하다.

인간은 지금까지 신체적으로 나약했던 자신의 힘(능력)을 강화하기 위해 신(神)을 발명하고(탄생시키고), 신화를 구성하고, 도구를 사용하기 시작함으로써 오늘날 '만물의 영장'이 되었을 뿐만 아니라 근대 과학시대에 이르러서는 '무소불위(無所不爲)의 힘'을 가진 인간신(人間神)이 되었다.

인간이 이렇게 되기까지는 무엇보다도 고정불변의 어떤 것, 절대성과 동일성을 추구하는 생각에 그 힘의 원천이 있었던 것 같다. 그러한 동일성을 상상(추상)하는 능력은 처음엔 신화를 만들었고, 그 다음에 종교를 만들었으며, 그 다음에 화폐를 만들었고, 그 다음에 국가와 여러 제국을 만들었다. 최종적으로 현대에 이르러 과학기술문명을 만들었다.

이들 여러 문화와 제도들은 모두 어떤 종류의 동일성을 추구하는 공통성을 가지고 있다. 바로 동일성을 추구하는 능력이 인간에게 정체성을 부여하고, 협력과 소통을 낳게 하고, 약속과 제도를 만들고, 인간의 문화능력, 즉 힘과 권력을 축적하는 계기가 된다.

인간의 문화(文化)는 결국 '동일성의 힘'이라고 말할 수 있다. 비록 그것이 역사적으로 변형(變形)되기는 하지만 일정기간 문(文, 文字)이 가지고 있는 특성인 고정불변과 기호로서의 역할을 하였을 뿐만 아니라 동일성의 축적과 계승으로 인간의 힘을 증대하도록 만들었다.

유엔은 국가들의 연합체이다. 말하자면 국가와 제국을 만든 인간이 이제 세계국가를 만들기 위한 초석을 놓았다고 볼 수 있다. 세계 최강의 제국을 만들기 위한 패권경쟁이 어떤 경우에도 한계(제국의 종말)를 보이고, 결국 영원히 지속될 수 없다는 점에서 유엔의 발상은 인간이 획기적인 동일성을 추구해간 과정이라고 볼 수도 있다.

물론 유엔에서도 역시 강대국의 입김이 크게 작용하고 있고, 더구나 유엔이 해결할 수 없는 일들이 많기 때문에 유엔 무용론이 나오기도 하지만 그래도 국제적인 문제를 해결할 수 있는 장치로서 유엔의 위상은 해마다 크게 높아지고 있다. 적어도 유엔은 오늘날 세계적인 문제를 토의할 수 있는 장으로서의 권위를 자랑하고 있다.

어떤 나라든 유엔의 결정을 무시할 수가 없다. 설사 유엔의 결정이 자기 나라의 국가이익에 배치되기 때문에 정면으로 무시하고, 정반대의 행보를 하고 있는 나라일지라도 유엔의 결정에 압박감을 느끼지 않을 수는 없다. 오늘날 핵무기확산금지조약(NPT)을 탈퇴하고 핵무기와 미사일을 만들어서 세계적인 말썽꾸러기가 되고 있는 북한(왕조전체주의사교체제)의 경우도 유엔의 입김을 무시할 수 없다.

이제 강대국들도 유엔을 통해서 자신의 정치력을 강화시키고, 국제적인 지배력을 넓히려고 하고 있기 때문에 유엔의 권위는 나날이 올라갈 것임에 틀림없다. 앞으로는 유엔의 결정을 무시하는 나라는 결국 국제사회에서 제대로 행복하게 살아갈 수 없을 뿐만 아니라 국제사회에서 소외되거나 미아가 되기 쉽다.

유엔은 국가들이 회원 될 자격을 갖춘 국가들의 연합이다. 따라서 유엔 총회와 안전보장이사회 등 각 기구들에서 각국 대표들의 의견이 개진되고, 국제사회가 준수해야 할 어떤 법규사항들을 토론하고 결정하는 과정을 통해 인류가 앞으로 나아갈 길을 찾아가기 마련이다. 오늘날에는 과거처럼 남의 나라의 영토를 빼앗기 위한 정복전쟁은 거의 사라졌다. 차라리 오늘날은 경제전쟁의 시대라고 말할 수 있으며, 따라서 무역과 국제은행과 국제통화와 관련한 일들이 더 중요하게 부각되고 있다.

## 2) 종교유엔은 평화유엔

2005년 9월 12일 문선명 총재는 천주평화연합을 창설하고 후천시대의 아벨유엔, 종교유엔의 역할을 다하게 될 것이라고 선포했다. 이와 더불어 가정연합은 천주평화연합이라는 유엔활동에 들어간 셈이다. 종교유엔은 필연적으로 평화유엔이 되지 않을 수 없다. 초종교초교파운동은 바로 종교유엔을 통해 구체화되고 그것의 목표인 평화를 위해 나아가는 계기를 맞게 된 것이다.

오늘날 경제 이외의 전쟁은 주로 서로 다른 종교와 문화풍습에 따른 것이 대부분이다. 그래서 서로 다른 인류의 종교를 어떻게 다루고 소통시키며, 종교분쟁을 막고 평화를 증진시켜가야 하는 일은 인류문명의 새로운 과제라고 하지 않을 수 없다.

종교가 서로 다른 동일성을 섬기는 도그마와 우상의 제도가 되고, 근본주의라는 이름 아래 자기(개인 혹은 집단)중심적 선악과 가부, 정의와 부정의를 판단하는 굴레로 작용한다면 핵폭탄 못지않게 인류에게 위험이 될 것이다. 이에 초종교초교파운동이야말로 종교의 또 다른 운동이 되지 않으면 안 되는 요구를 받고 있다.

국가는 전쟁과 문명의 산물이다. 따라서 국가유엔이라고 할 수 있는 현재의 유엔은 이른바 종교유엔에 의해서 보완되지 않으면 안 된다. 국가라는 것이 반드시 악이라고는 할 수 없지만, 평화를 추구하는 종교유엔을 통해서 더욱더 평화에 접근하는 노력을 하지 않으면 인류의 평화를 기대할 수 없다.

초종교초국가 유엔의 설립이 필요한 것은 이 때문이다. 국가가 전쟁의 산물이었다면 국가유엔이 아닌 처음부터 평화를 지향하는 종교유엔이 설립되어 상호보완 되어야 명실공이 국가와 종교가 하나가 된 '완성된 유엔'이 될 것이기 때문이다.

역사적으로 보면 인류의 평화는 '영원한 평화'를 목적으로 하는 것이겠지만 인간의 힘의 증대와 막강함(무소불위의 힘)으로 볼 때 국가 간의 패권경쟁을 근본적으로 막기는 어려울 것이고, 따라서 평화에 대한 의지는 동시에 '인류의 공멸'을 지연하는 의지로서 존재할 수밖에 없다.

평화에 대해 긍정적으로 다가가는 노력을 해야 하는 것은 맞지만 평화를 낙관하는 것은 금물이다. 평화를 낙관하지 않아야 인류의 공멸을 지연시킬 수 있다. 이것이 인간의 겸손한 자세일 것이다. 그 지연이 천년이고 만년이고 몇 백만 년으로 이어지면 그보다 다행한 일은 없을 것이다. 평화를 유지하면서도 인간의 오만과 편견을 스스로 제어하지 못하면 언제라도 전쟁의 공멸 속으로 빠져들 수 있는 개연성은 얼마든지 있는 것이다.

기존의 유엔 기구에 종교유엔이라고 하는 것이 추가된다면, 유엔의 본래 목적인 인간사회의 평화와 안전을 증진시키는 일에도 도움이 될 뿐만 아니라 인류평화를 이루는 결정적인 장치로서 큰 진전을 이룬 것으로 평가될 것이다. 말하자면 국가유엔 플러스 종교유엔이 절실하다.

종교유엔은 평화유엔을 지향한다. 문 총재는 천주평화연합운동을 효과적으로 실천하기 위해 그에 앞서 1992년 4월 10일 세계평화여성연합을 조직했다. 여성을 중심으로 세계평화의 분위기를 조성하기 위한 것이었다. 평화유엔은 가인유엔과 아벨유엔이 하나가 될 때 이루어지는 것이다. 남북한의 경계지점, DMZ에 제5유엔을 설립하는 것은 천주평화연합과 세계평화여성연합의 가장 효과적인 평화운동의 실천적 과제로 떠오르고 있다.

| 현상학적인 차원(제도) | 불교, 유교, 기독교, 선도, 이슬람교, 힌두교, 샤머니즘 | 통일교: 종교(초종교)제도 (제도적 존재자) | 종교의 통일 (모든 인류종교는 하나이다) | 국가 UN 플러스 종교(평화) UN |
|---|---|---|---|---|
| 존재론적인 차원(목적) | 慈悲, 仁, 사랑, 無, 空, 仙, 巫, 公, 共 | 가정연합: 가정적 존재 (자연적 존재) | 참가정회복 (효정평화, 만물만신, 만물생명) | 무명열반 (無名涅槃) 자신(自神) |

<종교의 현상학(제도)과 존재론(목적)>

## 3. 음양사상과 인류문명의 순환

### 1) 천문(天文)에서 천주(天宙)를 향하여

천지인사상과 음양사상은 음양오행사상에서 통합된다. 천지인사상 중의 인(人)은 스스로를 실체로 인정하기도 하고, 스스로를 비실체로 인정하기도 한다. 전자의 경우에는 3.1사상이 되고, 후자의 경우에는 2.1사상이 된다. 따라서 음양오행사상은 2.1사상으로 해석할 수도 있고, 3.1사상으로 해석할 수 있다. 음양오행사상은 서양철학의 이분법의 세계가 아니라 이중적이면서도 역동적인 세계를 의미한다. 음양사상의 가장 대표적인 것이 바로 해(Sun)와 달(Moon), 남자(Man)와 여자(Woman)이다.

인류문명사를 음양사상의 관점에서 해석하면 어떤 그림이 그려질까? 독일의 철학자 헤겔은 서양이 근대에서 이룩한 근대문명을 동양의 오리엔트에서 시작한 인류문명의 마지막을 장식하는 '일몰(日沒)의 문명'이라고 하였다. 물론 여기에는 오리엔트문명을 과소평가하는 서양인의 오리엔탈리즘(Orientalism)이 숨어있긴 하지만 그대로 받아들이더라도 틀린 것은 아니다. 일몰이라는 것은 문명의 거대주기로 보면 또 다른 일출을 맞이하지 않으면 안 되기 때문이다.

음양사상의 입장에서 보면 서양문명을 양(陽)을 앞세우는 '양(陽)의 문명', 동양문명을 음(陰)을 앞세우는 '음(陰)의 문명'이라고 할 수 있다. 그런 점에서 서양문명은 양음문명, 동양문명은 음양문명이라고 할 수 있을 것이다. 인류문명을 철학과 사상으로 대입해 볼 수 있을 것이다.

## 해(SUN)의 철학, 달(MOON)의 철학

서양의 양음철학이 '해(日)의 철학'이라면 동양의 음양철학은 '달(月)의 철학'이라고 할 수 있다. 이것은 문명의 요철(凹凸)이기도 하다. 해(일출-일몰)의 철학은 '눈에 보이는 것'을 확신하는 현상학, 즉 '요철의 철(凹凸의 凸)'로 연결되고, 달(달의 차고 기움)의 철학은 어둠 속에서 귀로 들을 수밖에 없는 존재론, 즉 '요철의 요(凹凸의 凹)'로 연결된다. 해의 철학은 〈시각-언어-남성-노동-경쟁(전쟁)〉의 철학이라면 달의 철학은 〈청각-상징-여성-놀이-평화(축제)〉의 철학이라고 할 수 있다.

해의 철학이 남성적인 '지배의 철학' '지식의 철학' '지시(명령)의 철학' '존재자의 철학'이라면 달의 철학은 여성적인 '생명의 철학' '지혜의 철학' '가무(놀이)의 철학' '존재의 철학'이다. 달을 의미하는 월(月)자는 신체(肉, 身)를 의미하고, 이는 이미 신체적 존재론을 내포하고 있다. 남자의 시각은 육체(대상적 신체, 물질)로 연결되고, 여자의 시각은 신체(주체적 육체, 심신일체)로 연결된다. 여자(자연)를 대상으로 보는 남자의 시각 자체(자연과학)가 현상학이다. 남자의 시각은 현상학과 연결되고, 여자의 시각은 존재론으로 연결된다.

네오샤머니즘의 정신을 동양문명과 서양문명의 관점에서 표현하면 다음과 같은 그림이 그려진다. 동양문명은 달(月, moon)로 상징되는 음양(陰

陽)문명, 즉 '동양문명=Moon+Sun의 문명'이라면, 서양문명은 해(日, sun)로 상징되는 양음(陽陰)문명, 즉 '서양문명=Sun+Moon의 문명'이라고 말할 수 있을 것이다. 이 둘이 서로 순환하면서 돌아가는 것이 인류문명의 궤적일 것이다.

인류문명은 '해의 시대'에서 다시 '달의 시대' 그리고 '별의 시대'로 나아갈 것이다. 물론 그 내용은 달라지겠지만 자연의 거대한 주기와 순환을 삶의 조건으로 받아들일 수밖에 없는 것이 인간이다.

아래 도표에서 천문(天文)은 북극성-북두칠성과 함께 별의 세계를 상징하고 있다. 천문학은 별을 연구하는 학문이다. 천문에서 해와 달로 오면 지구와 인간의 삶과 구체적으로 연결된다. 인류문명은 가부장-국가사회 이후 모두 해(Sun)를 중시하는 특성을 보였다. 그러나 가부장사회 이전, 모계사회에서는 달(Moon)을 중시했다. 인구의 생산(출산)을 가장 중시했던 시절에는 달(月)과 여성(月經)을 삶의 중심(기준)으로 살지 않을 수 없었다.

가부장사회 이후에도 동양은 달을 우선하고, 서양은 해를 중시하는 경향을 보였다. 동양에서는 음(陰)을 중시하여 음양(陰陽)사상, 혹은 음양오행사상을 발전시켜왔다. 해와 달은 음양(陰陽: Moon-Sun) 혹은 양음(陽陰: Sun-Moon)으로 표현되었다. 어느 쪽이든 문명(文明)을 상징하고 있는 것은 분명하다. 이제 음양, 양음시대에서 다시 별의 시대, 우주의 시대로 나아가는 시대가 되었다. 별을 바라보던, 관측하던 천문학시대에서 별로 우주선을 직접 보내는, 우주여행시대가 된 것이다. 그야말로 천주(天宙)시대가 된 것이다.

인류-문명-네오샤머니즘(Neo-shamanism)

天文 - 북극성, 북두칠성

日

天
人:
地

서양문명 = 양음(陽陰) = Sun-Moon

동양문명 = 음양(陰陽) = Moon-Sun

月

明

## 2) 코로나이후의 종교와 미래종교로서의 가정연합

코로나(covid-19)로 인해 인류문명은 전면적인 세균전에 직면하고 있다. 그동안 인류는 전쟁에서 세균(페스트)을 사용하기 했지만 그것은 부분적인 전술에 불과하였다. 그러나 이제 세균전의 양상은 인류전체를 향하고 있다.

인간에 의해 개발(발명)된, 혹은 인간의 실수로 실험실에서 노출된 세균이 누구에 의해, 언제, 어디서, 어떻게(어떤 경로로), 왜 발생한 지는 아직 정확하게 모르지만 적어도 현재로선 자연적으로 발생한 질병이 아니라는 점은 분명하다. 이러한 세균전은 그 효과를 확인하였으니 앞으로도 계속해서 이용될 것이 분명하다.

특히 패권경쟁을 일삼는 제국들은 항상 '그 힘'을 사용하고 싶은 유혹에 빠지기 쉽기 때문이다. 세균전은 인간이 스스로 발생시킨, 원자무기보다 더 큰 재앙이다. 이것은 세포로 된 생명체인 인간유기체를 근본적으로 공격할 것이기 때문이다. 인류멸종은 걱정하는 것도 논리적으로 가능하게 됐다.

코로나로 인해 인류는 적어도 큰 집단으로 치러지는 행사와 축제, 퍼포먼스를 하는 것에 제동이 걸렸다고 할 수 있다. 코로나로 인해 가장 영향과 타격을 받은 곳이 정기적인 혹은 일요일마다 집회(예배)를 하는 교회와 사찰인 것은 그 좋은 예이다. 코로나는 본의 아니게 신앙과 집회의 자유를 크게 제한하는 데에 한몫했다.

코로나를 관리한다는 명목 앞에 인간은 개인의 자유를 제한하는 데 동의하지 않을 수 없게 됐다. 이러한 과정에서 인간은 충분히 새로운 전체주의(파시즘독재 혹은 기계적 전체주의)에 길들여질 수 있는 나약한 존재임을 보여주었다. 왜냐하면 질병은 실존적으로 생사와 관련된 사안이었기 때문이다. 집단생활을 하는 사회적 동물인 인간에게 개인을 기초로 하는 자유주의(극단적 개인주의)와 집단을 기초로 하는 사회주의(극단적 사회주의)는 둘 다 문제점이 깨닫게 해주었다.

따라서 개인과 국가 사이에 존재하는 가정에 대한 새로운 인식이 대두되었다. 가정은 아시다시피 사회생활을 하는 인간에게 가장 기본적인 단위집단(세포집단, 혈육집단)인 것을 새삼 중요하게 여기게 했으며, 가정에서 이루어지지 않는 어떤 찬란한 이데올로기도 쉽게 허위에 빠질 수 있음을 깨닫게 했다. 자유주의는 개인에 치중한 나머지 가정을 분해시키고 있고, 사회주의는 집단에 치중한 나머지 가정을 무시함에 따라 전체주의에 쉽게 노출되었던 것이다.

코로나는 종교단체에도 고등종교의 해체라는 의미를 되새기게 했다. 비단 신학적 혹은 종교학적인 의미에서가 아니라 집회를 행하는 방식에서도 간접적으로 가정단위의 네트워크에 의해서 이루어져야 할 필요가 생긴 것이다. 가정의 연대로 이루어지는 가정단위의 종교집회가 왜 고등종교의 해체와 결부되는 지를 구체적으로 생각하게 했다. 인류문명은 이제 개인도 아닌, 집단도 아닌 그 중간의 가정을 중심으로 다시 삶의 전반적인 방식을 재편해야 하는 필요성에 직면한 지도 모른다.

쉽게 말하면 그동안 오프라인에서 사람들이 직접 만나 집회를 하는 방식보다는 온라인에서 간접적으로 집회를 하는 것을 선호할 수밖에 없는 처지가 되었다. 오늘날 신세대들은 온라인에서 생활하는 깃을 당연하게 받아들이고 있다. 종교집회가 아닌 전쟁조차도 이제 컴퓨터상에서 일종의 시뮬레이션으로 치러질 전망이다. 이제 삶의 공간은 점점 가상공간이 되고 있다.

인간의 문명은 실은 자연에 비하면 본래부터 가상실재를 설정하고 그것에 준해서 살아가는 가상존재의 삶이었는지도 모른다. 도구를 사용하는 인간은 처음부터 대뇌를 사용하면서 문명이라는 가상세계를 설정하여 문명을 구축하였다고 할 수 있다. 그동안 인간은 자연을 사물로 생각하면서 눈으로 보고 손으로 잡으면서 '소유적 존재'로 살아왔다. 이러한 배경에는 상상력과 이성과 추상에 의한 가상존재에 대한 인간의 선(先)이해가 있었던

게 분명하다.

미래인간은 더욱더 온라인에 의존해서 살게 될 것이 분명하다. 코로나사태는 이것을 가장 극명하게 보여주었다. 텔레비전을 포함한 이미지(사진) 대중매체들을 이용하면 인간의 삶도 얼마든지 조종할 수 있다는 부정성도 드러났다. 문명의 도구는 언제나 잘(good) 사용할 수도 있고, 잘못(bad) 사용할 수도 있다. 이것을 결정하는 것은 도구가 아니라 인간이다. 아무튼 온라인은 새로운 삶의 방식의 열쇠(key)를 쥐고 있다.

통일교가 가정연합으로 명칭을 바꾼 것은 코로나사태를 직면해 보니 매우 섭리적(攝理的)이고, 선견지명이 있었던 명칭변경으로 해석된다. 가정의 연대야말로 미래인류의 삶의 방식이다. 고등종교의 해체-가정연합의 탄생-여성중심의 온라인(on-line network) 세계는 남성중심의 천지(天/地)의 시대가 아니라 여성중심의 지천(地/天)시대를 예언한 모든 예언서들의 내용과도 맞아떨어진다.

신격에 있어서도 여성의 지위를 남성의 지위와 같은 반열에 올린 것은 물론이고, 평화를 역사적으로 달성하기 위해서는 여성성(모성성)이 가부장(남성성)보다 더 근본(바탕)이 되어야 함을 역설한 통일교-가정연합의 신학이야말로 미래종교의 선구자적 모습인 점을 발견할 수 있다.[16]

코로나 이후 시대를 개척하기 위해서 통일교-가정연합은 자신이 가진 섭리적 장점을 전향적으로 살려서 미래종교의 새로운 전범을 보여주면서

---

16) 박정진, 『여성과 평화』(행복에너지, 2017), 『평화의 여정으로 본 한국문화』(행복에너지, 2016), 『평화는 동방으로부터』(행복에너지, 2016), 『메시아는 더 이상 오지 않는다』(미래

교회를 새롭게 일신하여야 할 것이 요청된다. 아직 개척시대, 초기교회사에 있는 종교가 마치 오래된 전통적 보수교단이라도 된 것처럼 행세하는 것은 참사랑을 실천하는 주인종교, 평화의 종교가 아니라 이단논쟁에 빠져있는 또 하나의 기성종교가 되는데 불과한 것이다.

통일교-가정연합은 그 어느 때보다 새롭게 스스로를 일신하지 않으면 안 된다. 초기교회의 정신으로 돌아가서 믿음의 자세를 새롭게 정비하지 않으면 안 된다. 통일교-가정연합에는 기존의 보수기독교단의 폐해를 뛰어넘은 신학적·철학적 영양분이 즐비하다. 하나님주의로 번역되는 가디즘(Godism)은 새로운 신관(神觀)으로서 가정연합이라는 새로운 교회조직과 천주평화연합이라는 새로운 신학적 우주론을 지니고 있다.

결혼으로 이루어지는 가정은 가장 자연스러운 생물의 본능의 실현이면서 동시에 사회적·문화적 동물인 인간의 삶을 우주로 연장시키는 문화장치이다. 개인과 사회는 가정을 통해 매개되지 않을 수 없다는 점에서 가정은 영혼의 영매(靈媒)라고 할 수 있다. 가정이 무시된 사회는 '파편화된 사회'이고, 가정이 무시된 사회는 '전체주의 사회'의 위험 앞에 노출된다.

가디즘(Godism)은 갓(God, 하나님)과 굿(Good, 행운, 축복)이 한국말로 굿(굿하다)과 발음이 같음에 유의할 필요가 있다. 한국의 전통인 샤머니즘이 새롭게 체계화되고, 세계화된 것이라는 의미에서 필자의 네오샤머니즘(neo-shamanism)과 통한다.

---

문화사, 2016: 행복한에너지, 2019), 『심정평화 효정평화』(2018, 행복에너지) 참조바람.

## '가정연합'이라는 미래종교 비전

무엇보다도 '가정'과 '평화'라는 주제를 선취한 종단으로서 시대를 선도하는 반열에 들어가야 할 것은 자명한 이치이며 시대적 미션(mission)이라고 할 수 있다. 천지인참부모, 하늘부모에 이어 가정이야말로 신학적 기득권임에 틀림없다. 이와 아울러 통일교-가정연합이 일찍이 실현한 교차축복결혼(cross-marriage blessing)은 인종차별이나 편견 없이 인류를 하나 되게 하는 최선의 방법임을 확인하게 오늘날 다시 확인하게 된다. 지구촌이 하나되면 교차축복결혼은 하나의 마을공동체(지구공동체)에서 행해지는 결혼행사처럼 받아들여질 것이다. 인류문명사에서 결혼동맹만큼 적(enemy)을 친구(friend)로 만드는 제도는 없었다.

인류는 이제 가정으로부터 개인과 국가를 새롭게 갱신하고 문명을 재편하여야 하는 절체절명의 기로에 서 있다. 가정은 심정교감체(心情交感體)이다. 여기서 '심정(心情)의 하나님'이 자리 잡을 수 있다. 가정에서 개인을 반성하고, 가정에서 국가와 사회를 반성하고, 가정에서 인류문명의 내실을 다지고, 공의(共義, 公義)를 다져야할 이정표에 서 있는 것이다. 그러기 위해서는 우리 모두 참부모, 참하늘이 되어야 하고, 거짓부모, 거짓하늘을 경계하지 않으면 안 된다.

신(神) 통일 한국론과 하나님 주의(Godism)

**초판인쇄** 2021년 12월 10일 **초판발행** 2021년 12월 15일

**지은이** 박정진
**펴낸이** 이혜숙 **펴낸곳** 신세림출판사
**등록일** 1991년 12월 24일 제2-1298호

04559 서울특별시 중구 퇴계로49길 14
   (충무로5가, 충무로엘크루메트로시티2) 1동 720호
전화 02-2264-1972 팩스 02-2264-1973
E-mail : shinselim72@hanmail.net

정가 15,000원

ISBN 978-89-5800-243-7, 03100